딱! 쓰리
영어
회화

기초편

기초편

딱! 3 쓰리

영어 회화

세 마디로 시작하는 쉬운 영어

아오키 유카 지음 | 김숙희·강은정 옮김

비전코리아

영어가 유창한 사람들만이
알고 있는 비밀

이 책은 '영어 말하기에서 바로 나오지 않는 단어는 아는 다른 단어로 바꿔 말하기', 즉 '정확한 그 단어, 뉘앙스까지 전달하는 딱 100점짜리 단어가 떠올라야 말을 할 수 있다는 기존의 잘못된 고정관념과 어려운 영어 단어는 버리고 정규 교육을 받은 사람이라면 누구나 아는 단어만 조합해 영어로 말하기'에 관한 책이다.

"아는 단어만 써서 영어를 하고 어려운 단어는 버리라고? 영어 회화는 단어를 많이 아는 게 힘 아닌가? 나는 아는 단어가 별로 없어 말을 못하는 건데…?"

이렇게 말하며 의아해하는 사람이 있을 것이다. 지금까지 대다수 사람들은 영어 실력은 무엇보다 단어를 많이 알아야 키울 수 있다고 믿어왔기 때문이다. 그래서 단어를 모르면 영어도 못할 수밖에 없다고 생각하지만 이것은 큰 착각이다.

반대로 생각해보라. 그럼 영어를 잘하는 사람은 모든 영어 단어를 알고 있을까? 절대 아니다, 예를 들어보자.

"이것은 상식이다"란 문장을 영어로 어떻게 말할까? '상식?' 벌써 모르는 단어가 나와 머뭇거리게 된다. 영어를 잘하는 사람이라면 '상식'이라는 단어쯤은 이미 알고 있어 해당 영단어를 사용해 바로 말했겠지… 이렇게 사람들은 생각한다.

그러나 놀라운 사실, 영어를 잘하는 사람에게 물어보았다. "상식이 영어로 뭐예요?" 그의 대답은 "글쎄, 모르겠는데"였다.

이런, 정말 놀라운 일이다. '어떻게 이럴 수가 있어? 세상에…' 하고 믿기지 않아 하는 것도 당연하다. 그러나 차분히 생각해보자. 그렇다면 영어를 잘하는 사람들은 해당 영단어를 모르고서 어떻게 '상식'이란 말을 영어로 할까?

Everybody Knows it.

모두 그것을 알고 있다.

이렇게 상식이란 단어 없이 다른 단어로 바꿔서 말하는

방법이 있었던 것이다. 그렇다, 그들은 '상식'이란 단어가 아니라 '내가 말하고자 하는 의미를 아는 단어로 바꿔 본질적 뜻'을 이야기한 것이다. 여기에는 어려운 단어도, 숙어도 없다!

영어 회화에 있어 우리말에 해당하는 꼭 그 영단어가 필요한 것은 아니다. 중요한 것은 '사고방식'이다. '본질과 통하는 말 표현으로 바꾸기'가 이 책에서 말하는 꼼수 영어 학습법의 핵심이다.

나는 현재 내가 고안한 이 '아는 단어로 바꿔 말하는 꼼수 영어 학습법'으로 많은 사람들에게 쉽게 영어 회화를 가르치고 있다. '꼼수 영어'란 영어에 콤플렉스를 가지고 있는 사람들을 위해 **사전에 의존하지 않고도 '스스로의 힘으로 영어로 말하기'**를 체계화한 학습 방법이다. 영어 콤플렉스 환자인 우리들은 영어로 말하려 들 때마다 "그러니까 그 단어가 뭐지? 생각이 안 나네…. 어휴, 난 맨날 단어에서 막힌다니까" 하고 깊은 한숨을 내쉰다. 꼼수 영어는 지금까지 우리가 당연시 여기면서 배우고 알아왔던 학교 교육법이나 기존의 학습 방법과는 전혀 다른 **일대일 대응의 '정답 위주' 사고가 아니란 점**에 그 특징이 있다.

즉 영어로 말할 때 '사전에서 정확한 단어 찾기' 중심에서 벗어나 '내가 지금 알고 있는 단어로 말함으로써 자신감을 갖게 된다'는 학습법이다.

본문에서 자세히 설명하겠지만 이 '꼼수 영어'의 핵심은 '80퍼센트 버리기' '어른 말 버리기' '추상어 버리기' '직역 버리기'라고 하는 **네 가지 버리기** 노하우를 바탕으로 한다. 나는 기업 강의도 많이 하는데 대다수 학생이 해외에서 실무 경험을 쌓은 임원들로 강의가 끝나면 나에게 와서 "제가 오랜 해외 생활에서 알게 모르게 터득해온 영어 말하기 방법이 바로 이 꼼수 영어 학습법을 토대로 하고 있었군요. 맞아요, 이걸 체계화해서 직원들과도 공유한다면 정말 유익할 것 같아요" 하고 이구동성으로 말해주었다.

영어 상급자들만 갖고 있는 공통점, 하지만 그들도 좀처럼 공부하는 과정에선 느끼지 못하고 당연하게 배어나온 것, 이것이 '**네 가지 잘못된 영어 습관을 버리고 아는 단어로 바꿔 말하는 꼼수 영어 학습법**'임을 새삼 확신하게 되었다.

젊었을 때 영어라면 자신 있다고 늘 당당했던 나도 정작 회화에서는 부족한 단어력 때문에 유창하게 말하지 못하고 머뭇거렸다. 그런 내가 '꼼수 영어'를 깨닫게 되면서 인생이 달라졌다. 영어를 해야 하는 자리에 가면 늘 안절부절못하고 마음만 졸이고 있던 내가 외국인 친구들과 깔깔거리며 수다를 떨 정도가 되고, 이제는 영어로 비즈니스까지 하게 되었다.

무엇보다 영어 포기자들에게 꼼수 영어를 가르칠 때마다 보게 되는 반응에 큰 보람을 느낀다. '영어로는 절대 말 못해' 하고 영어를 포기했던 사람들도 이 방법으로 공부하고 나면 "저도 이제 영어로 말할 수 있을 것 같아요!" 하고 영어에 대한 의욕이 상승되어 활짝 웃는 모습을 보인다. 그렇다, '영어 포기자'를 '영어 가능자'로 변화시키는 꼼수 영어, 이것이 내가 가르치는 학습법이자 이 책의 주제다.

수많은 영포자(영어 회화 포기자)를 '영어 잘하는 사람'으로 가르쳐본 경험이 있는 강사로서 분명히 말하겠다. **'나는 영어가 절대 안 돼'라는 생각을 빨리 버려야만 목표를 위해 어떤 행동을 해야 할지가 구체적으로 떠오르고 더불어 삶의 모든 일에 대한 자세까지 극적으로 바뀐다.**

"영어를 하게 된다고 일에 대한 태도까지 바뀐다고요! 너무 지나친 과장 아닌가요?" 이렇게 생각할지도 모르겠다. 하지만 사실이다.

일에 내가 얼마나 잘못된 시각을 가지고 있었는지를 알게 됐다.

일을 쉽게 포기하지 않게 되었다.

일에 임하는 자세가 달라졌다.

무슨 일에든 적극적이게 되었다.

이는 꼼수 영어를 통해 변화한 학생들의 소감 중 일부에 지나지 않는다. 왜 영어로 말하게 됨으로써 일에 대한 태도까지 바뀌었을까? 이 책을 통해 꼼꼼히 설명하겠지만 한마디로 말해서 **"꼼수 영어 학습 노하우가 일에도 적용되기 때문이다."**

이 영어 학습법의 '핵심'을 알게 되면 무엇이 본질이며 무엇부터 해야 할지에 늘 초점을 맞추게 된다. 영어는 '단어 싸움'이라고 착각하기 쉽지만 모르는 단어도 '생각' 하나로 놀라울 정도로 풍부하게, 다양한 표현이 가능해진다는 사실을 알게 될 것이다.

"내가 가진 영어 실력으로 이런 말까지 할 수 있었단 말이야?"

이렇게 말하는 순간, 당신은 이미 영어라고 하는 무기를 가진 자신감 넘치는 사람이 되어 있을 것이다. 이 책이 당신의 세계를 조금이라도 넓히는 데 도움이 되길 진심으로 바란다.

아오키 유카

contents

CHAPTER 03

모든 영어는 '3마디'로 가능하다

CHAPTER 04

3마디로 말하기 위한 3가지 스텝

무엇이든
영어로 말해보자

당신의 영어,
이래서 문제다

'나는 영어 머리가 없어, 나는 영어로 말을 못해'라고 생각하는 당신, 지금까지 완전히 잘못된 착각 속에 빠져 있던 것은 아닐까? 영어를 못하게 막는 착각에서 빠져나와 진짜 영어와 마주하자.

영어로 말 못하는 사람들의 특징

1. 정답 지상주의자

고등학교 시절 영어 성적은 좋은데 말은 못하는 학생들이 많았다. 대학에서 영문과를 졸업하고도 회화가 안 되는 사람 역시 굉장히 많았다. 영어가 특기일 정도로 영어 시험에서 늘 고득점을 맞아왔다, 문법도 수준급 이상의 실력이다, 그런데도 왜 말을 못하지? 많은 이들의 고민이다.

　이런 사람들과 이야기하다 보면 공통점을 발견하게 된다. 그것은 **"이거 정답 맞아요?"** 하는 입버릇이다. 그리고 '어쩜 정답이 아닐지도…' 하는 조금의 의혹이라도 생길라치면 머리에 떠올랐던 말조차 하지 않고 입을 꾹 다물어버린다.

정답이라야 해.

완벽한 영어 문장이 조합되기 전까지 말해봤자 상대도 못 알아들어, 가만히나 있자.

늘 좋은 성적을 받기 위해 노력해왔던 습관이 회화에서조차 '정답'을 향한 신념으로 굳어져 '100점의 완벽한 표현을 찾아야 해'라고 머리를 고정시켜버린다. 그러나 슬프게도 시험에서 좋은 성적을 받기 위한 '정답'과 영어 커뮤니케이션에 있어서의 '정답'은 전혀 다른 별개의 것이다.

시험에서 '정답'의 기준은 '점수를 받기 위한 실수가 없는 영어'여야 한다. 그러나 **영어 커뮤니케이션에서 '정답'의 기준은 단지 '상대방에게 의미가 잘 전달되었는가?' 하는 것이기에 한 가지 답만 있는 게 아니다.** 시험에서 요구하는 '단 하나의 정답' 지상주의는 영어 회화에서는 가장 먼저 버려야 할 습관이다.

2. TOEIC 공부 오타쿠

며칠 전 공부 모임에서 ○○ 씨를 만났다. "꼼수 영어 강사입니다" 하고 내 소개를 하자 "어떻게 해야 영어로 말할 수 있나요?" 하고 마치 멱살이라도 잡을 듯한 기세로 나에게 달려들어 물었다. 찬찬히 이야기를 들어보니 이미

○○ 씨는 토익 850점으로 영어를 잘하는 사람이었다.

그녀는 필시 토익 900점을 맞더라도 역시나 영어에 자신감을 갖지 못할 거란 생각이 들어 안쓰럽게 느껴졌다. 그녀는 착잡한 심정을 이렇게 토로했다.

"영어를 좀 한다고 생각했는데 말을 못하겠어요. 그래서 당신은 이 정도 실력이다, 하고 정확하게 알려줬으면 좋겠어요."

그녀의 문제점은 '평가에 의존한다'는 것이다.

토익 점수가 아무리 고득점이라도 '자신이 말하고자 하는 말을 전달하는 연습'이 되어 있지 않으면 회화는 전혀 늘지 않는다. 그런데도 ○○ 씨는 자신감이 없으니까 계속 '점수'에만 집착해 공부한 것이다.

"이 정도로 공부했는데…."

이런 자기 틀에 갇혀 있는 사람이 정말 많다. 토익 점수를 어느 정도까지는 목표로 삼는 건 좋다. 하지만 그것이 '최종 목표'일 수는 없다. 목표 점수에 도달했다면 한 번쯤은 점수에서 시선을 떼어보는 것도 매우 중요하다.

3. 사전이 없으면 안 되는 사람

"영어 회화할 때는 꼭 손에 사전이 있어야 해요."

이러면서 영어로 프리토킹을 하는 내내 상대는 아랑곳

참고

hesitate는 '주저하다'란 뉘앙스가 있다. 둘 중 하나의 선택으로 망설일 때는 waver, vacillate가 낫다. 아니면 아예 꼼수 영어로 말해보자.

I don't know what to do.
I can't decide.

하지 않고 사전을 뒤적거리는 사람. **이런 사람은 단어를 찾는 동안에 상대가 무슨 말을 했는지조차 잊어버리게 된다.**

전자사전의 경우도 마찬가지다. 상대와 커뮤니케이션을 하고 있다는 것조차 완전히 잊은 채 오로지 해당 단어를 찾는 데만 집착하면 대화를 이어갈 수가 없다.

예를 들어 '망설이다'라는 단어가 떠오르지 않았을 때 사전을 찾아보면 **hesitate, waver, vacillate** 등이 나온다. 그런데 "둘 중 뭘 먹을까 망설여지네"를 말하고 싶을 때 이 셋 중 무엇이 가장 좋을까? 사전 찾기로는 이런 판단을 하기가 쉽지 않다. 시간은 째깍째깍 흘러만 가고 선택을 못해 그야말로 망설이며 사고가 완전히 정지되어버린다.

이젠 끝이다.
역시 영어는 안 돼.

이런 경험을 해본 사람이 많을 것이다. 그리고 그 결과 자신감까지 상실한 사람도…. **사전 없이 이 상황을 어떻게 극복하고 대화를 이어갈 것인가?** 이런 생각으로 오로지 상대에만 집중하라.

당장 버려야 할 당신의 착각

1. 영어로 말하는 사람은 멋있어!

"영어로 말할 수 있어야 진짜 영어 실력이 있는 거고 멋있는 거야."

고등학생 시절 내가 했던 말이다. 그때 나의 지상 최고의 목표는 영어로 말하기였다.

그렇다면 어느 정도 영어로 말해야 '멋진 영어'가 되는 걸까? **왜 영어를 못하는 사람들의 대다수가 영어로 말하는 사람이 '멋지다'고 느끼는 걸까?**

우리나라 사람들에게 있어 **영어는 공포의 상징이다.** 학교에서 10년을 배워도 학원비로 몇 백만 원을 들여도 써먹지 못하는 영어. 자신의 무능을 발견케 하는 거대한 장

참고

Don't be
embarrassed by
your mistake.
실수 때문에 창피해하
지 마라.

Don't be ashamed
of making
mistakes while
speaking.
말할 때 실수하는 것을
창피해하지 마라.

벽. 이것이 영어가 가진 이미지다.

따라서 이 장벽을 뛰어넘은 사람들을 보면 모두가 하나같이 '멋지다'고 느끼는 것이다. 그래서 영어를 잘하면 남들이 '멋지다'라고 하니까 남들에게 보여주기 위한 영어 공부를 하게 되고 그러면 더 고달파질 뿐이다. 영어는 '수단'이다. 주위의 시선 따윈 의식하지 마라.

2. 틀리면 망신!

서점에 가면 '일본인의 이상한 영어, 웃음거리가 되다' 류의 책이 많이 보인다. 이런 종류의 책들은 읽기에 재미있고 다른 이들의 실수를 통해 나는 그런 실수를 하지 말아야지 하는 생각에 한 권씩 사게 된다. 그러나 이런 책을 읽으면 읽을수록 독자들은 알게 모르게 더 강한 강박증을 느끼게 된다.

바로 **"이렇게 틀린 영어를 하게 되면 나라 망신이구나"** 하는 강박증이다.

실수 = 창피

웃음거리가 된다 = 침묵은 금

이런 사고방식이 우리도 모르는 사이에 우리의 마음과

입에 브레이크를 건다. **영어로 말하는 목적을 완전히 오인한 것이다.**

며칠 전 한 잡지사에서 영어로 말하면서 국제적으로 활발하게 활동하고 있는 유명인들의 영어 실력을 채점해보는 특집을 꾸몄다. 영어가 모국어인 원어민이 채점을 한 결과 유명인들의 영어 점수는 생각보다 높지 않았다. 그렇더라도 그들은 국제무대에서 전혀 손색없이 영어를 구사하며 왕성한 활동을 하고 있다.

'틀리면 망신'이라고 엉덩이를 파묻고 '만점이 될 때까진 절대 영어로 말 안 해!' 하고 결심한 사람과 '틀리면 어때, 그래도 말해보자' 하고 행동에 나서는 사람. 당신은 어떤 사람이 되고 싶은가?

3. 분위기까지 전달해야만 해

모국어가 지닌 뉘앙스까지 중요하다고 생각한 결과, 영어로 전환할 때 '그 느낌 그대로'가 아니면 납득이 안 되는 사람도 있다. **나라가 다르고 문화가 다르기에 어떤 말을 쓰더라도 '100퍼센트 같은 느낌'이 되기란 불가능하다.** 뉘앙스에만 집착한 나머지 아무 말도 못하고, 단 하나의 의미도 전하지 못하면 대화는 한 발짝도 앞으로 나아갈 수 없다.

며칠 전 '버리는 영어 스쿨'에서 이벤트를 했는데 다음 말을 다양한 영어 표현으로 바꿔보는 것이었다.

양반다리를 풀어주세요.

상황은 전통 복장을 입고 양반다리를 하고 앉아 전통 체험을 하던 외국인들이 점차 시간이 지남에 따라 힘들어 하자 사회자가 이 표현을 여러 번 쓰는 것이다.

학생들에게 이럴 때 가장 적당한 영어 표현은 무엇일지 생각해보게 했다.

학생들은 '양반다리' '다리를 풀다'란 단어의 뉘앙스까지 말해야 하지 않을까 하고 생각한 나머지 좀처럼 영어 표현이 나오질 않았다. 여기서 나는 "뉘앙스나 직역에 구애받지 말고 다른 어떤 표현이 없을까요?" 하고 바꿔 말할 것을 유도해보았다. 그리고 우리말을 모르는 원어민 선생님에게 뜻이 '전달되었는지 아닌지' 판정을 받기로 했다. 여러 의견 가운데 다음 표현이 쉬우면서도 뜻이 제대로 전달된 것으로 확인되었다.

Please relax your legs.

다리를 편히 해주세요.

모국어의 뉘앙스까지 말해줘야 하는데 하고 끝까지 고집했다면 도저히 나올 수 없는 표현이었다.

다리를 풀다 ⋯⟩ 릴렉스

'그래, 이거야!' 하고 무릎을 쳤다.

완벽한 의미의 영어 구사에 나를 가두지 말고 스스로의 허용범위를 조금씩 넓혀가는 것. 그렇게 해야만 커뮤니케이션이 놀라울 정도로 원활해진다. 언제나 말하는 목적을 염두에 두고 '커뮤니케이션을 한다'는 것을 의식하라. 영어 회화에는 이러한 유연함이 필요하다.

4. 100점 표현이 있을 텐데

아주 우수한 학생이 있었는데 한 번은 동남아 지역으로

"양반다리를 풀어주세요."

꼼수 트릭

양반다리? 풀다?

양반다리를 풀다

릴렉스

다리를 편히 해주세요.

꼼수 영어 완성

Please relax your legs.

여행을 갔다. 공항에서 택시기사가 "일본인?" 하고 묻자 그녀는 즉시 "어떻게 아셨어요?" 하고 대화를 계속하려 했다. 그때 그녀가 한 말은 완벽한 영어였다.

How do you distinguish between Korean and Japanese?

한국인과 일본인을 어떻게 구별하시죠?

그러나 택시기사는 "에?" 하고 이해하지 못하겠다는 반응을 보였다. distinguish(구별하다)라는 단어를 모르는 듯했다고 그 학생은 말했다. **상대가 제2외국어로 영어를 말할 경우, 이는 매우 흔히 생기는 일이다.** 그녀도 바로 이 단어가 떠오르지 않아 '구별하다가 뭐였지…? 배웠는데… 아～ 생각이 안 나～' 하고 입을 다물고 있었더라면 어떻게 되었을까?

'정답'에 고집한 나머지 대화는 거기서 멈추고 말았을 것이다. 나중에라도 겨우 단어가 생각이 났다 하더라도 택시기사에게는 말하지 못했을 것이다.

'정답'만을 얻으려는 병에 걸린 사람들에게 꼭 기억해 달라고 당부하고 싶은 것, 그것은 **100점짜리 표현**으로 영

어를 말했지만 전달될 가능성은 100퍼센트가 아니란 것
이다.

유연하게 '의사소통'이란 목표 지점까지 인내력을 발휘
해야 한다. 100점인지 아닌지에 집착하는 것은 '자기 시
선'이다. 상대를 생각해 기다리게 하지 말고 자꾸자꾸 말
을 이어가는 것이 '상대 시선'이다. 100점을 얻으려고 시
간을 낭비하지 말고 '대화를 하고 있다'는 것을 늘 의식해
자연스럽게 말을 이어 전달해가자.

즉 조금 전 학생이라면 **distinguish**(구별하다)를 모르는
운전기사를 향해 이렇게 말을 이어갔으면 어땠을까?

How do you know?
어떻게 알았어요?

이 장면에서 전달할 수 있는 표현, 자신이 쉽게 말할 수
있는 표현에 집중하면 자유로운 발상과 대화를 손에 넣게
된다.

완벽주의는 회화에 있어 먼 길을 돌아가는 행위다.

"일본인과 한국인을
어떻게 구별하시죠?"

💡 꼼수 트릭

구별?

정확하게 알다

어떻게 알았어요?

꼼수 영어 완성

How do you know?

【영어 못하는 사람들의 특징】

1. 정답 지상주의자

2. TOEIC 공부 오타쿠

3. 사전 맹신론자

【당신이 당장 버려야 할 착각】

1. 영어로 말하는 사람은 멋있어!

2. 틀리면 망신!

3. 분위기까지 전달해야만 해

4. 100점 표현이 있을 텐데

우리말을 할 때를 생각해보자. 무엇을 설명했는데 어려웠는지 영 못 알아듣는 친구에게 같은 의미를 여러 표현으로 다양하게, 쉽게 말하지 않는가? 당황하지 말고 영어도 말을 바꿔가며 내가 하려는 말을 표현해보자.

영어 잘하는 사람의
진짜 비밀

영어 잘하는 사람에게 비결을 물어보면 막연한 대답밖에 들을 수 없다. 해외연수를 다녀온다고 다 영어를 잘하는 것도 아니라고 한다. 중요한 것은 말하기 경험이다. 바꿔 말하기 프레임으로 일단 영어로 말을 시작 해보자.

영어 잘하는 동료에게 물어보는 당신.

"영어 잘하는 비결이 뭐야?"

"비결? 없어. 일단 영어로 계속 말하는 거 아닐까?"

이렇다 할 해법을 듣지 못한 당신은 황당하다.

"그게 안 되니까 물어본 건데…."

"그래, 우선 영어를 할 수 있는 곳을 찾아봐. 거기서 매일 이야기하듯 영어로 말하다 보면 되지 않을까?"

그렇다, '영어를 잘하는 사람'은 정확한 '답'을 알려주지 않는다. 아마도 '그들이 무엇을 해왔는지'는 알려줄 것이다. 왜? 그들도 자신들이 어떻게 영어를 잘하게 되었는지 생각해본 적이 없기 때문이다.

그들에게는 '경험'이라고 하는 '와~' 했던 감각만이 있다. 그것을 다른 사람에게 전수해줄 정도로 구체적으로 알고 있지는 않다. '그냥 어쩌다 보니' 몸에 배인 것을 사람에게 설명하기란 어렵다. 어린 시절 조기 유학을 가서 영어가 마치 모국어인 양 사용하는 사람일 경우는 더욱 그렇다. 당신에게 누가 "어쩜 그렇게 우리말을 잘해요?" 하고 묻는다면 뭐라고 답하겠는가? 답하기 곤란할 것이다.

너무나도 자연스럽게 영어를 터득한 사람에게 '영어를 어떻게 그렇게 잘해요' 하며 비결을 물으면 너무나도 당연하기 때문에 뭐라 말로 대답을 못하는 것이다. 그렇다면 그 '비결'은 '경험'으로 축척하지 않고는 얻을 수 없단 말인가?

실은 얻을 수 있다.

이 장에서는 그 발상 방법과 영어로 말할 때의 바이링구얼(이중언어) 사고에 대하여 자세히 설명하겠다. 포인트는 '고집을 버려라' 그리고 '프레임(시점)을 바꿔라'다.

능숙하게 영어를 구사하기 위한 발상법과 프레임을 배워보도록 하자.

'영어를 잘한다'의
정의부터 바로 하자

느닷없는 질문이지만 당신은 '영어를 잘하는 사람' 하면 어떤 이미지가 떠오르는가?

뭐든 영어로 말할 수 있는 사람

영어의 모든 표현을 알고 있는 사람

아마도 이런 이미지가 아닐까 생각한다. '영어 잘하는 사람'은 다시 말해 '영어를 혀를 내두를 정도로 자유자재로 말하는 사람'이라고 정의할 수 있다. 나조차도 모르는 단어가 나오면 옆에 있는 영어 잘하는 사람에게 "○○가 영어로 뭐지?" 하고 물어보았다.

참고

말을 잘한다는 것이 단어를 많이 안다와 같은 뜻은 아니다. 우리의 목표는 어려운 단어를 말하지 않고 자신의 의사는 다 전달하는 미국 초등학생 수준의 영어 말하기다.

이때 나는 '영어 잘한다'의 정의를 '알고 있는 영어 단어 수가 모국어의 단어 수만큼 많은 상태'라고 생각했던 것이다. 즉 **영어 잘하는 사람은 '사전'을 통째로 머릿속에 가지고 있는 사람**이었다. 그래서 모르는 단어는 전부 '영어 잘하는 사람'에게 '뭐야?' 하고 물어본 것이다.

미국 유학 시절의 일이다. 어느 날 재키라고 하는 홍콩인 친구가 학생 신분으로선 도저히는 아니겠지만 상상할 수 없을 정도의 고급 승용차를 타고 왔다.

"우와, 굉장한데…." 이러면서 친구들이 그 주변으로 몰려들었다.

이때 재키의 '여봐란 듯한' 태도가 너무나도 재미있어 옆에 있는 앤디에게 어떻게든 그 행동을 말로 알려주고 싶었다.

'야야~ 쟤, 재키 너무 여봐란 듯하지 않아?'

이렇게 말하려고 했는데 표현이 나오질 않았다.

'여봐란 듯한을 영어로 뭐라고 말하지…?'

나는 '여봐란 듯이'를 사전에서 찾기 시작했다. 그러나 사전에 없었다. 어쩔 수 없이 '과시하다'로 찾아볼까 하고 다시 단어를 검색할 때, 재키 주변으로 몰려들었던 '영어 잘하는 다른' 유학생 친구도 재키의 태도가 우스웠던지 이렇게 말했다.

He was like, 'Look at this!'
그가 '이것 좀 봐!' 하는 것 같았다.

그러자 앤디가 "맞아 맞아~" 하고 박장대소하며 맞장
구를 쳤다.

너무나도 간단하고 게다가 너무나도 적절한 표현이었
다. 그 이외도 여러 대신할 수 있는 말을 들었는데 내내
슬펐던 건 '음~ **이런 표현이라면 나도 말할 수 있었는데**'
하는 생각 때문이었다.

그렇다, '영어를 잘하는 사람'은 우리말에 대응하는 모
든 표현을 알고 있는 것도, 단어력이 굉장히 뛰어난 것도
아니다. 어떻게든 이해되도록 전하는 것이다.

**어떤 것에 있어서도 주저하지 않고 끊임없이 뭔가를 이
야기하는 사람. 이것이 진정으로 영어 잘하는 사람**이란
걸 나중에서야 깨닫게 되었다. 그들에게는 '영어로 이야
기'하는 방법을 알고 그것들을 끊임없이 구사해 자신이
말하고자 하는 바를 영어로 이어갈 줄 아는 탁월한 능력
이 있었다.

지금도 영어 강사로 일하고 있지만, 처음 이 일을 시작
하면서 만났던 사람에게서 "영어 강사면 영어를 잘하시

겠네요?"라는 말을 듣는 일이 많았다. 그때 나는 강한 위화감을 느꼈던 것을 기억한다.

바로 '**영어 잘한다**'의 정의가 나와 상대가 결정적으로 **다르다는** 위화감이었다. 질문한 사람은 스스로를 '영어 못하는 사람', 강사는 '영어를 잘하는 사람'으로 규정하며 '영어를 잘하는 사람의 머리에는 사전 정도는 통째로 암기되어 들어 있는 것 아닌가?' 하는 뉘앙스가 담겨 있는 것으로 들렸기 때문이다.

그러나 영어를 잘하는 사람들은 '**내가 하고 싶은 말을 어떡하든 영어로 말할 수 있다**'라고 생각한다. 실은 이것이 진정한 의미의 '영어를 잘한다'의 정의다.

진정으로 영어를 잘하고 싶다면 **오늘부터 꼭 '영어를 잘한다'의 정의부터 바꿔라.** 절대 멈추지 않고 상대와 영어로 대화를 이어가는 힘, 이것이 영어를 잘하는 것이다.

정의를 바꾸면 단어를 몰라도 영어를 잘할 수 있게 된다.

이 책에서 소개하고 있는 '**방법**'과 '**시점**'으로 전환해 **보라.** 그러면 자신감이 붙는다. '나는 영어로 말할 수 있어' 하는 자신감이 생기면 어떻게든 알아듣게끔 하자란 마음으로 이어져, 실제로 외국인에게 내가 하고자 하는 말의 의미가 전해진다.

이러한 성공 체험을 쌓아가는 것이 가장 중요하다.

"쟤, 너무
여봐란 듯하지 않아?"

여봐란 듯이?

과시하다?

그가 '이것 좀 봐!'
하는 것 같았다.

He was like, 'Look at this!'

영어를 잘하는 비법은 '바꿔 말하는 힘'이다

앞에서 '영어를 잘한다는 대화를 계속 이어갈 수 있는 힘'이라고 말했다. 그렇다면 영어 잘하는 사람들처럼 계속 대화를 이어가기 위해서는 무엇이 필요할까?

그것이 바로 **'바꿔 말하는 힘'**이다.

예를 들어 앞에서 나는 '여봐란 듯이'를 영어로 말하려고 사전에서 찾아보았다. 그러나 사전에는 이런 단어가 없었다. 여기서 '여봐란 듯이'를 다른 말로 바꾼다면… 하고 생각해 '과시하다'란 단어를 생각해냈다. 그리고 다시 '과시하다'를 사전에서 검색해보았다. 사전에는 다음과 같이 나와 있었다.

39

과시하다

cut round (미) 뛰어 돌아다니다; 기운차게 하다; 자랑삼아 보이다

make a parade of …을 과시하다

put on the ritz (미) (우아함, 화려함) 허세를 부리다

참고

ritz
겉치레, 과시
swath
한 번 낫질한 넓이

【타동사】

exhibit (작품 등을 공공연히) 전시하다

flaunt 과시하다

【자동사】

splurge 돈을 물 쓰듯 쓰다

(참고사항) flaunt / showboat / parade / show off / cut a wide swath

〈on the WEB〉

그러나 이 많은 표현을 봐도 이 상황에 뭘 선택해 써야 적합할지가 정말 고민이 된다. 고심 끝에 고른 단어 하나를 문맥에 삽입해봤다. 이번에는 익숙한 단어가 아니라서 발음을 정확히 모르겠다. **이러나저러나 영어로 말을 못하는 상황으로 몰리게 된다.**

우리나라 말과 영어는 동사 사용에서도 차이가 많아 우리말을 그대로 영어로 옮기려 해도 딱 맞게 교체할 수 없는 것이 많다.

예를 들어 우리말은 옷을 '입고', 장갑은 '끼고', 신발은 신고, 장신구는 '착용한다'. 그러나 영어에서는 이를 모두 **wear**로 말한다. 즉 영어는 동사의 활용이 중요한 언어로 중요 동사의 다양한 활용법을 익혀야 한다는 약점이 있다.

'역시, 어휘력이 아닐까?'라고 느낄지도 모르겠지만 그렇지 않다. 여기까지 읽어온 감 있는 독자라면 이미 눈치를 챘을 것이다. '긴가 민가 하는 자신이 없는 단어' 사용을 피하고 말하고자 하는 의미를 내가 할 수 있는 단어로 바꿔서 말하기, 이 '바꿔 말하는 힘'을 익혀야 한다는 것이다.

앞에서 말한 **He was like** 'Look at this!'가 알고 있는 단어만을 사용해 상황을 말한 '바꿔 말하기'의 아주 좋은 사례였다.

'모르는 단어가 너무 많아!' 하는 '모른다'는 의식을 '모르는 단계지만 어떻게 하면 실력을 최대화할 수 있을까?'로 전환해야 한다. 이를 위해 결과적으로 필요한 것이 '바꿔 말하는 힘'이다. 그러나 "'바꿔서 말하면 된다'고 했지만 그게 바로 쉽게 되나요?"라는 소리가 어디선가 들려오는 것 같다. 그렇다면 이제부터는 어떻게 '바꿔 말하는지', 그 발상법과 프레임을 구체적으로 배워보자.

'바꿔 말하기'의
프레임을 가진다

모르는 단어가 있어도 '자기 영어로 바꿔 말한다'고 했다. 그리고 영어로 말할 때 '정답은 하나가 아니다'라는 것도 언급했다.

　자, 이제부터는 지금까지의 영어 공부법의 상식을 벗어버리고 전혀 새로운 공부법을 제안하고자 한다. 그것이 이 오른쪽 아래의 '마법 상자'를 사용한 학습법이다. 마법 상자 사용에 익숙해져 머릿속에서 무의식 중에 자동으로 전환된다면 영어로 말하는 힘이 커질 것이다.

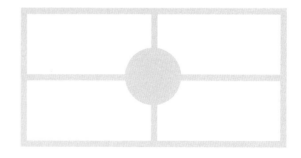

　마법 상자를 설명하기 전에

학창시절의 영어 시험 문제를 생각해보자. 일반적으로 다음과 같은 형태였다.

Q: 다음 예문을 영작하시오.

나는 초콜릿을 좋아한다.

A: I like chocolate.

그리고 위 정답 말고는 모두 오답 처리했다. 그러나 최근에는 이런 문제를 출제하는 학교도 있다고 한다.

Q: '나는 초콜릿을 좋아한다'를 like을 사용하지 말고 영작하시오.

나는 이 문제를 보고 신이 났다. **이게 바로 우리나라 사람들을 영어 콤플렉스에서 구할 열쇠**라고 생각했기 때문이다. 내가 꼼수 학습법을 통해 여러분들이 꼭 실천하길 바라는 것 또한 바로 이 방식이다. 전하고자 하는 말의 본질은 하나지만 그 표현에 있어서는 다양한 단어, 즉 내가 알고 있는 단어를 사용하여 상대와 보다 풍부한 대화를 만들어가는 것, 그리고 이를 실천하는 데 가장 유용하다고 생각한 것이 앞의 '마법 상자'다.

마법 상자는 이렇게 사용한다.

이 마법 상자가 **영어 학습법에 혁명을 일으킬 거라고** 나는 확신한다. 이유는 세 가지다.

먼저 사용 방법부터 알아보자.

이 상자의 정중앙에 '영어로 전달하고자 하는 문장'을 써넣는다. 그리고 주변 네 개의 상자에 앞에서 말한 사고법을 사용해 영어 표현을 여러 개로 확장해 적어넣는다. (마법 상자 사용방법이 익숙해질 때까지 하고 싶은 말을 모국어 그대로 적어넣어도 상관없다.) 인간은 빈칸을 보면 채우고 싶어 하는 습성이 있다. 이 습성을 잘 활용해서 자꾸자꾸 공란을 메워가 보는 것이다.

포인트는 우선 '바꿔 말한다'는 것(바꿔 말하는 방법에 관해서는 3장에서 자세히 설명하겠다), 이것을 매일, 여러 상황에서 실천하다 보면 영어로 사고하는 것이 유연해지고 '하나의 표현만을 고집함으로써 다른 생각은 전혀 못했던 상황'에서 빠져나올 수 있다.

여기서 우리가 분명히 의식해야 할 것은 **WHAT**이 아닌 **HOW**다.

무엇이 정답인가 = What을 좇지 말고 어떻게 하면 표현할 수 있을까? = How를 늘 의식하는 사고다.

그렇다면 왜 이 방법이 영어를 잘하는 데 효과적이라고 주장하는가?

그것은 한 문장의 영어를 말하더라도 늘 네 개의 또 다른 문장 표현을 만들어보는 연습을 꾸준히 한다면 실제 영어를 사용해야 할 순간, 한 문장을 상대가 이해하지 못하면 다음 준비된 다른 문장으로 다시 말해볼까 하고 주저함 없이 상황을 영어로 이어갈 수 있기 때문이다.

우리는 상대가 "What?" 하고 되물으면 '내 영어가 틀렸나 봐' 하고 얼어버리는 경우가 많다. 이것은 '영어 표현에 있어 하나만 정답이야'란 관념에 빠져 있기 때문으로 우리의 입을 완전히 닫아버리고 상황마저 경직시켜 버린다.

이 말이 통하지 않으면 다르게
이것도 통하지 않으면 이번에는 저렇게

마법 상자를 사용하면 이처럼 **나에게는 언제나 최소 네 개나 되는 다른 표현으로 이야기할 힘이 있다는 자신감을 얻을 수 있게 된다.** 그리고 이러한 마인드로 실제 영어를 쓰다 보면 경이로울 정도로 '응용력'이 발휘된다.

참고

영어로 표현해보고 싶은 다양한 말을 마법 상자에 넣어 연습해 보자.
이 책의 5장에서는 다양한 마법 상자 연습 표현이 실려 있다. 그밖에도 자신이 외국인과 만났을 때 당황했던 순간들을 떠올리며 자신만의 목록을 만들어보자.

영어 공부가 힘든 건 무조건 암기해야 하기 때문이다. 학습서에서는 관용구나 단어, 문장을 일대일적으로 암기했느냐 못했느냐 하는 이분법적 기준으로 학습시키기에 우리는 오로지 정확히 암기되어 있는 것만 입으로 나올 수 있다고 여긴다. 하지만 암기는 지루하고 힘들다. 그리고 암기했더라도 사용하지 않으면 바로 잊어버리게 마련이다.

회화에는 '정답일까 아닐까'란 생각 자체가 필요 없다. '말하려는 뜻이 전해졌는가 아닌가'가 중요한 가치 기준이다. '이게 과연 맞는 영어일까?' 이렇게 걱정하며 멈칫하는 것은 금물이다. 말해봐서 '상대가 알아들었나?'에 촉각을 세우고 **못 알아들은 것 같으면 다음 말로 바꿔 표현해보는 것만으로도 의미가 있다.**

영어 회화에 자신이 없다고 여길수록, 영어로 말했을 때 실패했던 경험이 많은 사람일수록 이 마법 상자를 활용해 자신만의 경험치를 쌓아보자.

모든 영어는
'3마디'로 가능하다

복잡하게 생각할수록 영어 말하기는 점점 멀어져간다. 중학교 문법만으로도 충분한 3마디 영어를 의식하며 주어와 동사를 챙기고 그다음 80퍼센트 버리기, 어른 말 버리기, 추상어 버리기, 직역 버리기의 사고방식으로로 무장한다.

'3마디 영어'란
무엇인가

영어를 잘한다는 것은 '바꿔 말하는 힘'이라고 지금까지 설명했다. 그렇지만 이런 생각만으로 단번에 말을 할 수 있게 되는 것은 아니다. **그렇다면 도대체 어떻게 '바꿔서 말'을 하면 좋을까?**

'무작정 바꿔 말하겠다'고 작정한다고, 근성을 불태우며 무조건 시도한다고 영어를 잘할 수 있게 되는 것은 아니다. **실제적인 틀로 다양한 시점을 갖는 학습법에 빠져들기 위한 기술**이 필요하다. 이번 장에서는 그 기술을 배워보기로 한다.

무엇보다 가장 중요한 것은 '3마디'를 의식하며 말하기다. '3마디'란 바로 이것이다.

주어(S) + 동사(V) + 그 이외

예를 들어보겠다.

I have a pen.

나는 펜을 가지고 있다.

이 문장에서 I는 주어, have는 동사, a pen은 그 이외가
된다.

I   have   a pen.

⋮	⋮	⋮
주어	동사	그 이외
(S)	(V)	

그렇다면 어느 날 외국인과의 술자리에서 "우리나라에
는 언령(言靈)이란 말이 있어. 말에도 혼이 있다는 뜻이지"
라는 말이 하고 싶었다고 하자. 대번에 여러분은 '어머,
언령을 영어로 어떻게 말해야지?'부터 고민할 것이다. 더
욱이 손에는 사전도, 스마트폰도 없다.

자, 어떻게 하겠는가? 처음부터 몰랐던 단어라 기억을

쥐어짜낼 수도 없다. 여기서 여러분이 해야 할 것이 **'주어 + 동사 + 그 이외'**란 **3마디 학습법의 활용**이다.

이 학습법으로 '언령'의 의미를 생각해보자. 말에 혼이 있다는 뜻은 달리 말하면 말은 큰 힘을 가지고 있다와 마찬가지다. 이를 영어의 '3마디' 표현으로 말해보자.

참고

의식적으로 영어 어순으로 생각하면 좋은 언어 훈련이 된다는 의도에서 이하 영문의 번역은 영어 어순으로 한다.

Words have power.

말은, 가지고 있다, 힘을

이렇게 이야기할 수 있다. 이것이 그대로 언령의 영어 표현이다.

중학 영어 복습은
이것만으로 OK

잠시 중학교 영어를 복습해보자. 영어 문장 형식에는 다음의 다섯 가지가 있다. 다 학교 문법 시간에 배웠던 내용이다.

제1문형　S+V　　　　주어＋동사

제2문형　S+V+C　　　주어＋동사＋보어

제3문형　S+V+O　　　주어＋동사＋목적어

제4문형　S+V+O+O　주어＋동사＋목적어＋목적어

제5문형　S+V+O+C　주어＋동사＋목적어＋보어

S '주어'는 한 문장의 주인공을 나타내는 말로 '누가'에 해당한다. V는 '동사'다. 주어가 한 행위나 상태를 설명하는 것으로 보통 '~이다, 하다'에 해당된다. 즉 '자다, 먹다, 달리다' 등 어미가 '~다'로 끝나는 말이 동사다. 동사에 대해 자세히 설명을 하자면 끝이 없지만, 일단 여기서는 이 정도만 알아도 상관없다. 그리고 O는 목적어다. 주로 '~을(를)'로 번역되는 부분으로 "사과를 먹다"의 '사과'나 "신발을 샀다"의 '신발'이 목적어에 해당한다. 끝으로 C는 보어다. '~은(는) / ~으로'로 번역된다. 좀 헷갈리기 쉬운데 "벽을 파랗게 칠하다"의 '파랗게'나 "개를 존으로 이름 짓다"의 '존으로'가 보어다.

참고

누가, 어떻게 할 것인가? + 무엇을
이 3마디만 명심하고 일단 말을 시작하는 게 중요하다.

문장 구조 이야기를 더 하면 머리가 아파온다. 도망치고 싶다라고 생각하는 사람도 있을 듯한데 왜 머리가 아파오고 도망치고 싶을까? 그것은 **'문장 구성은 다섯 개로 간단해 보이지만 실제로는 변형이 많아 온갖 문장 표현이 넘쳐나 혼란스럽다'**라고 생각하기 때문이 아닐까?

실제 이 영어 문장 구조를 머릿속에서 척척 떠올리며 논리 정연하게 단어를 배열해나가는 사람도 있을 것이다. 그런 분은 이번 장은 패스해도 좋다.

그렇지 못한 분, '영어로 말을 하려고 하면 어떤 문장 구성으로 해야 하는지 가물가물하여 말을 잇지 못한다'고 하는 분은 처음에 내가 했던 3마디 영어 구조법을 꼭 기억해두길 바란다.

주어(S) + 동사(V) + 그 이외

이것만 생각해두면 일단 말을 시작할 수 있다. O(목적어)도 C(보어)도 전부 하나로 묶어 '그 이외'로 한다. 제대로 영문학을 공부한 전공생들이 들으면 화를 낼 수도 있겠지만 실제로 영어는 이 'S + V + 그 이외'로만 생각해도 되고, 그러는 편이 훨씬 이해하기가 쉽다.

다섯 개 문형 모두가 **S + V + 그 이외**로 공통된 어순이다. 괜히 복잡하게 생각하지 말자.

주어 … 동사 이 순서만은 변함이 없다.
그리고 '주어 + 동사 + 그 이외'만을 의식한다.

이것으로 충분하다. 굳이 영어 문장을 이렇게 얼렁뚱땅 간단히 조합시키려는 이유가 무엇일까? 우선은 큰 틀을 잡고 가는 것이 중요하기 때문이다. 나무를 그리려 할 때를 생각해보라. 이 잎은 녹색으로, 저 잎은 연두색으로, 다른 잎은 색이 약간 노란색으로… 이렇게 하다 보면 지엽적으로 잎만 무슨 색으로 칠하면 좋을까를 생각하게 된다. 여러분이 영어로 말하려 할 때 빠지는 함정이 바로 이와 같다.

그러나 **나무를 그릴 때 가장 중요한 부분은 줄기다.** '줄기'를 명확하게 갈색으로 그린 후에 녹색 계열로 나뭇잎을 덧칠하면 완성된다. 영어도 마찬가지다. 멀리 떨어진 곳에서 전체를 보아야 한다.

나무의 줄기, 근본 부분. 이것만 분명히 한다면 영어는 충분히 상대에게 뜻이 전달된다.

이 '줄기' 부분이 주어 + 동사 + 그 이외의 어순이다.

그리고 4장에서 자세히 설명하겠지만, 우리말은 문장에서 주어를 자주 생략해서 말하고 동사가 영어에 비해 적은 언어적 특징을 가지고 있다. 이 때문에 '말하고자 하는 바'를 영어로 일대일로 바꾸지 못하고 길을 잃는 사람이 많은 것이다.

누가, 어떻게 할 것인가? + 무엇을

분명 자신이 생각한 우리말을 이 형태로 분석하는 힘만 기른다면 영어가 훨씬 쉬워진다.

참고

영어로 말할 때 일대일 대응만 생각해서는 안 된다. 말하고자 하는 이미지를 전하자.

'3마디'만으로
영어로 말할 수 있다

다른 몇 가지 예를 들어보자. 당신에게는 외국인 상사가 있다. 그리고 당신의 부서는 현재 신입사원 채용이 시급한 상황으로 당신에게 신입사원 면접을 보라는 지시가 내려졌다.

　면접을 끝내자 외국인 상사가 당신에게 질문한다.

　"오늘 면접 본 사람 어땠어?"

　"나쁘진 않았지만 실무 감각이 있을지는 모르겠어요."

　이렇게 대답하려는 순간, 고민에 빠진다. **'실무 감각'을 영어로 뭐라고 하지?** 이때, 항상 기억해야 할 프레임이 조금전에 말한 '3마디'다.

　우선 주어와 동사를 찾아라.

주어는 '그'. 동사는… 하고 생각할 때 자신이 알고 있는 단어 가운데에서 말할 수 있는 것을 찾는다. 예를 들어,

He needs training.
그는, 필요하다, 트레이닝이

이런 표현으로 "실무 감각은 없지만 나쁘진 않았다"라는 신입사원의 이미지를 상사에게 전할 수 있지 않을까?

다시 이번엔 좀 더 우리의 일상생활에서 피부에 와 닿는 상황을 사례로 들어보자.

"오늘 머리가 부스스해."

머리가… 부스스…? 여기에서도 '부스스'란 영어 단어가 바로 떠오르지 않을 것이다. 과연 미국이나 영국에서는 이런 상황에서 어떻게 말할까? 이럴 때 등장해야 하는 것이 바로 '3마디' 의식이다. 우선 주어를 '머리카락'으로 한다면 '부스스'란 단어를 모르고선 표현할 수 없으므로 여기선 '나'를 주어로 한다.

나는 + 컨트롤할 수 없다

무엇을 … 머리카락을

"실무 감각이 있을지는 모르겠어요."

실무 감각?

실무 경험이 약하다

훈련이 필요

그는 트레이닝이
필요하다.

He needs training.

이런 생각이 가능해진다. 그렇다면 다음 문장도 떠올릴
수 있게 된다.

I can't control my hair.
나는, 컨트롤할 수 없다, 내 머리카락을

자신이 하려는 말에서 '주어, 동사'가 무엇인지 늘 의식
할 것, 이것이 가장 중요한 포인트다.

"오늘 머리가 부스스해."

🔍 꼼수 트릭

부스스?

머리카락이 제멋대로

컨트롤할 수 없다

나는 내 머리카락을
컨트롤할 수 없어!

꼼수 영어 완성

I can't control my hair.

영어 사고력
개발법

크리스 야마자키 씨의 《30분으로 영어를 말할 수 있다 30分で英語が話せる》라는 영어 교재가 있다. 이 책은 지금까지 배워온 영어 문법을 너무도 쉽게 체계화했다. 간단히 영문법을 복습하고 싶은 사람은 꼭 읽어보길 바란다.

그 책에서 소개하고 있는 방법 중 하나가 '우리말을 영어 어순으로 말하기'다.

이와 함께 여기에 '영어로는 한마디도 못하겠어요!' 하고 영어 실력 때문에 절망하는 학생들을 모아놓고 내가 개발한 방법을 가르친 경험담을 소개하겠다. 바로 '영어 사고력 개발법'이다.

학생들을 모아놓고 '꼼수 영어 학습법'의 효과를 최대한 높이기 위해 먼저 모든 대화를 영어 어순으로 하게 했다. 즉 말 자체는 우리말이지만 순서만 영어식으로 한 것이다. 영어로 말하기 위해서는 영어식 사고구조에 익숙해져야 하기 때문이다. 이제까지 "나는 아무리 해도 안 돼" 하고 생각했던 학생들이 처음부터 영어로만 생각하고 말하려 했던 것을 머리에서 지워버리자 "어, 나도 영어로 말할 수 있을 것 같은 생각이 들어요…" 하며 급기야 영어 사고력 훈련에 열을 올리기 시작했다. 결과적으로 영어로 말을 할 수 없었던 것은 '영어 그 자체'가 안 된 것이 아니라 방법적으로 맞지 않는 변환기만 붙들고 씨름했기 때문이라는 사실을 증명해 보일 수 있었다.

어순의 기초만 확실하게 잡아두면 이후 영어 말하기에 있어 '보통' 수준의 장벽은 너끈히 극복 가능하다.

우선은 편안하게, 우리말을 '주어 + 동사 + 그 이외'의 어순으로 바꿔 말해보자. 예를 들어보겠다.

"컴퓨터 샀어?"
"어때?"
"응, 너무 좋아."

이런 대화를 다음과 같이 하는 것이다.

"나는 샀다, 컴퓨터를."
"당신은 좋았어, 그 컴퓨터?"
"나는 좋았어, 그것, 그 어떤 것보다."

지금까지 영어 말하기가 어려웠던 것은 '영어' 그 자체가 아닌 우리에게 익숙하지 않은 '어순 감각' 때문이었다.

이 어순의 감각을 'S + V + **그 이외**'로만 의식할 것.

다섯 가지 문장 구조를 전부 의식해 생각하기 시작하면 정작 말을 하려는 순간에는 사고가 멈춰버린다. 문법은 그다지 깊게

생각하지 말고 마음을 편히 갖는다. 그리고 '주어(S) + 동사(V)
+ 그 이외'로 아주 간단한 흐름만 의식한다. 꼭 영어 회화에서
실천해보길 바란다.

3마디 영어
말하기를 위한
'버리기 노하우'

지금까지 3마디로 의식해 영어를 말하려 하는 것만으로
도 극적으로 영어를 잘하게 될 것이라고 말했다. 그러나
3마디를 의식하고 표현해놓은 영어를 보면 '그래, 이거였
어' 하는 생각은 들지만 실제 본인 스스로도 할 수 있을까
하는 게 솔직한 마음일 것이다. '3마디만 의식하세요'라
고는 들었는데, 도대체 어떻게 의식하란 말인가? 모르겠
다. 도저히, 전혀, 감이 오질 않는다.

실은 그 3마디로 영어를 말하기 위한 사전 '사고방법'이
있다. 그것이 머리말에서도 이야기했던 '네 가지 버리기
노하우를 활용해 아는 단어로 바꿔 말하는 꼼수 영어'라
는 사고방법이다. 이것들을 하나씩 설명해가도록 하겠다.

1. 80퍼센트 버리기

우선 처음으로 '꼼수 영어 학습법'을 체득하기 위해 반드시 기억해두어야 하는 가장 큰 개념이 '80퍼센트 버리기'다. 이 사고가 바탕에 깔려 있으면 다음에 이어지는 모든 학습법이 빠르게 습득된다. 그러니 잊지 말고 항시 이 점을 머릿속에 기억해둔다.

'2:8 법칙'이라는 말을 들어보았을 것이다. 빌프레도 파레토(Vilfredo Pareto)라고 하는 이탈리아 경제학자가 1906년 발견한 법칙으로 '파레토 법칙'으로도 알려져 있다. 이는 '사물의 성과나 결과의 80퍼센트는 그 요소의 20퍼센트에 근거한다'라는 것으로, 유명한 예로 '전체 사회 부의 80퍼센트는 20퍼센트의 부유층이 가지고 있다'가 있다. 모든 부분에서 항시 20퍼센트의 '핵심'이 거의 대다수를 차지하고 있다는 말이다. 따라서 바꿔 말하면 핵심만 파악한다면 전체의 80퍼센트는 저절로 장악이 된다는 뜻이다.

영어로 말할 때도 이 법칙을 적용해보자.

즉 20퍼센트의 '핵심'이 무엇일까 하고 늘 자문자답하면서 그것에 집중해서 표현한다. 버릴 80퍼센트는 '뉘앙스'에 지나지 않으므로 잘라버린다는 사고다.

이런 사고방식을 가지고 있으면 '하고자 하는 말'을 영어로 바꾸는 것이 놀라울 정도로 간단해진다. 어떤 상황에서 영어로 말해야 하는 순간 순식간에 얼어버리는 이유

참고

fermented
발효된

Bacillus subtilis
var. natto
고초균 변형 낫토균

an acquired taste
처음에는 좋아하지 않
다가 자꾸 접할수록 좋
아지는 맛

slimy
끈적거리는

는 '있는 그대로를 세세하게 영어로 말해야 한다'라는 강박이 원인이다. 예를 들어 '낫토'를 영어로 말하려 할 때 '발효된…?' 하고 설명하려 하자 고민에 빠진다. 참고로 영어판 위키피디아(Wikipedia)에서 Natto를 검색해보면 다음과 같이 쓰여 있다. 100퍼센트의 완벽한 표현을 원한다면 이 정도는 되어야 만족할까?

Natto is a traditional Japanese food made from soybeans fermented with Bacillus subtilis var. natto.

낫토는 일본의 전통 음식으로 고초균 변형인 낫토균으로 발효된 대두로 만들어졌다.

Some eat it as a breakfast food.

몇몇 사람들이 아침식사로 즐겨 먹는다.

Natto may be an acquired taste because of its powerful smell, strong flavor, and slimy texture.

낫토는 강한 냄새와 맛과 끈적거리는 질감 때문에 처음에는 안 좋아하다가 서서히 좋아하게 된다.

In Japan natto is most popular in the eastern regions, including Kanto, Tohoku, and Hokkaido.

일본에서 낫토는 간토, 도호쿠, 홋카이도를 포함해 동부 지방에서 가장 인기가 있다.

'정확함'을 원한다면 적어도 'fermented soybeans(발효된 콩)' 정도는 말할 수 있어야지 하고 생각할지 모른다. 그러나 여기서 핵심에만 주목해보면 실제 이 경우 'Japanese traditional food(일본의 전통 음식)'만으로 충분히 설명이 된다. '자신이 말하고 싶은 것' 그 본질이 되는 20퍼센트가 무엇인지 늘 생각한다.

2. 어른 말 버리기

두 번째 발상법은 '어른 말 버리기'다. 영어로 말하려 할 때, 바로 말이 나오지 않는 이유 중 하나가 '바로 그 단어를 몰라서'다. 이는 처음부터 생각하고 있던 우리말이 지나치게 어려운 표현이었을 가능성이 높다. 영어를 할 때는 늘 다섯 살 수준의 자신으로 돌아가 "엄마, 아빠, ○○이 뭐야?"란 질문에 영어로 대답해준다고 생각해본다.

어른스런 우리말을 어른스런 영어로 바로 말하려 하지

'낫토'를
설명하고 싶을 때!

 일반적인 생각

발효된 콩?

⬇

발효?

⬇

어려워…

 꼼수 트릭

일본에서
먹을 수 있는 음식

⬇

일본의 전통 음식

⬇

꼼수 영어 완성   OK!

Japanese
traditional food

말고, 어린아이가 영어를 하는 자세로 말하자는 의식을 갖는 것만으로도 영어를 잘하게 되는 돌파구를 발견할 수 있다.

앞에서 설명한 '80퍼센트'를 버리면서 '어른 말'도 버린다. 늘 이 두 사고를 세트로 기억해두면, 영어로 말하는 데 있어 크게 이미지가 확대될 것이다. '난 너무 단어를 몰라, 어휘력이 없어!' 하고 고민하는 사람이라면 이 **'어린아이 말로 간단히 설명하는 힘을 길러라'**라고 권하고 싶다.

참고

영어 공부의 일환으로 미국 영화를 보려 할 때 가장 많이 추천하는 것이 바로 아동 영화이다. 처음부터 어려운 영화를 볼 필요가 없다. 〈토이 스토리〉에 나오는 영어 문장만 다 듣고 말할 수 있어도 당신의 말하기 실력은 일취월장한다.

3. 추상어 버리기

세 번째 발상법은 **'추상어 버리기'**다. 영어로 말할 때, 늘 긴장하고 고민하는 사람은 **머릿속으로 '하고 싶은 말'이 지나치게 추상적**이기 때문이 아닐까? 그냥도 영어로 말하기가 어려운데 광범위하고 추상적인 것을 영어로 표현하자니 더 힘이 드는 것이다. 그리고는 '역시 어휘력이 문제군' 하고 단정을 내려버린다.

이러한 고민에 빠졌을 때 가장 먼저 해야 하는 일이 **'말하려 하는 것을 구체적인 표현으로 깊게 파고드는'** 작업이다.

개념적인 것에서부터 구체적인 행동과 사실까지로 세

분화한다. 그렇게 하면 완전 속수무책이었던 영어가 표현 가능한 수준으로 바뀌게 된다. 예를 들어 '나는 깔끔합니다'를 영어로 말하려 할 때 '**깔끔한**' 내가 **구체적으로 무엇 때문에 깔끔한가**라는 시점에서 생각해보는 것이다. 그러면 이렇게 표현할 수도 있다.

I like to keep my room clean.

나는 좋아한다, 유지하는 것을, 내 방을 깨끗하게

"저는 임기응변으로 일에 대처하는 능력이 있습니다" 하고 이직할 회사 면접관에게 어필을 하고 싶다. '임기응변'에 강한 나는 구체적으로 어떤가라는 시점을 가지고 문장을 만들어보자.

Whatever happens,
I can find the best solution.

무슨 일이 일어나도, 나는 찾을 수 있다, 최선의 해결방법을 어떤가? 조금은 다르지만 핵심은 제대로 전달한 것 같지 않은가? 또는 이렇게도 표현할 수 있다.

I won't panic.
나는 되지 않는다, 패닉으로

I have everything under control.
나는 갖고 있다, 모든 것을, 통제 아래

포인트는 '구체적으로 말해보기'다.

4. 직역 버리기

마지막으로 버려야 할 것은 **'직역'**이다. 과거 내가 영국에서 유학하던 시절, '기린'이란 단어가 기억나지 않아 경험한 에피소드다. 머릿속으로는 '기린인데 영어로 뭐였더라? 생각날 듯한데 왜 이렇게 떠오르지 않지? 단어장 어딘가 적어둔 것까지도 기억이 나는데…!' 하고 패닉 상태가 되어버렸다. 도저히 생각이 안 나고 시간만 지나갔다.

그러나 영어를 잘하는 사람들을 자세히 보면 **그들은 머릿속으로 단번에 '직역 버리기'라고 하는 메소드를 실행**

"나는 깔끔합니다."

깔끔?

깨끗함을 유지하다

나는 내 방을 깨끗하게
유지하는 것을 좋아한다.

I like to keep
my room clean.

"저는 임기응변으로 일에 대처하는 능력이 있습니다."

💡 꼼수 트릭 A

임기응변?

최선의 해결방법을 찾다

나는 무슨 일이 일어나도 최선의 해결방법을 찾을 수 있다.

꼼수 영어 완성

Whatever happens, I can find the best solution.

💡 꼼수 트릭 B

임기응변?

정신이 강하다

나는 패닉되지 않는다.

꼼수 영어 완성

I won't panic.

하고 있었다! '기린'을 직역한 **giraffe**란 단어가 생각나지 않을 때 **그들은 '결국 자신이 무엇을 말하고자 하는지'를 떠올리고, 그 안에서 자신들이 영어로 말할 수 있는 단어들을 찾아낸다**는 것이다.

그러면 '**A tall animal. Long neck. Yellow**'라는 단어가 술술 나온다. 결과적으로 듣는 상대는 분명 "**Giraffe?**" 하고 대답해줄 것이다. 이러면 커뮤니케이션이 중단되지 않고 이어질 수 있다. 그때부터 나는 '하고 싶은 말'이 당장 떠오르지 않을 때는 직역을 버리고 '상대에게 하고 싶은 말의 의미가 무얼까?'에 집중해 그것을 영어로 말하기 시작했다.

모르는 단어에 집착하지 않고 다음 단계로 일보 전진하는 사고방법이 바로 이 '직역 버리기'다. 영어 회화 실력을 한 단계 업그레이드하고 싶은 사람이라면 꼭 기억해두길 바란다.

꼼수 레벨 테스트

우리말을 꼼수 트릭을 사용하여 영어로 바꿔보자!
이때 직역은 No! 의미만 전달되면 OK!

1 양반다리를 풀어주세요.

...▸

_____

2 (일본인과 한국인을) 어떻게 구별하시죠?

...▸

_____

3 쟤, 너무 여봐란 듯하지 않아?

...▸

_____

4 실무 감각이 있을지는 모르겠어요.

...▸

_____

5 오늘 머리가 부스스해.

...▸

_____

6 마법 상자를 이용해 '낫토'를 영어로 설명해보자.

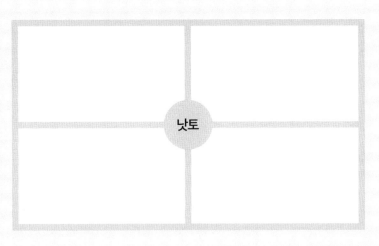

7 나는 깔끔합니다.

⋯▶
_____

8 저는 임기응변으로 일에 대처하는 능력이 있습니다.

⋯▶
_____

9 나는 초콜릿을 좋아한다.

⋯▶
_____

3마디로 말하기 위한
3가지 스텝

3마디 영어 말하기의 세 단계 실천방법은 이미지화, 우리말 → 꼼수말 → 영어 변환, 주어와 동사 찾기다. 이때 우리말을 영어식으로 표현해보고 쉬운 단어로 짧게 문장을 끊어 말해 버릇해야 한다. 어설픈 위트는 금물!

지금까지 '3마디 영어 말하기'의 프레임과 그 사고방법을 배웠다. 영어로 말하는 데 있어서는 항상 '주어 + 동사 + 그 이외'를 의식하고 자신이 가지고 있는 여러 강박들을 버려야 한다고 강조했다. 그러나 실제로 이것을 실행에 옮기기까지 무얼 어떻게 하면 좋을까? 의식해야 할 것과 사고방법을 알았다고 하지만 실제 영어를 해야 하는 상황에 직면했을 때 "단어가 기억 안 나!" 하고 패닉에 빠지려는 순간이 다가온다. 그럴 때마다 여기서 설명하는 세 가지 실천 스텝을 떠올리며 임기응변 능력을 발휘해보자.

자, 그럼 순간순간 정신줄을 단단히 잡고 실제 상황에서 '단어가 바로 기억나지 않을 때마다' 꼭 이 스텝을 하나씩 따라서 적용해 실천하길 바란다.

세 가지 스텝은 다음과 같다.

기본 스텝

1 이미지를 그린다.

2 '우리말' ⋯› '꼼수말' ⋯› '영어'로 생각한다.

3 주어와 동사를 찾는다.

그럼 이것들을 하나씩 살펴보자.

이미지를
그린다

먼저 '3마디 의식'이란 말에서 어떤 방법이 확 떠오르지는 않을 것이다. 여기서 첫 번째 스텝이 '**이미지를 그린다**'다. 비즈니스 현장에서 한 가지 사례를 들어 생각해보겠다.

당신은 현재 이직 활동 중으로 이직을 희망하는 회사의 면접장에 있다. 오늘은 영어로 면접을 보는 날이다. 눈앞에는 깐깐해 보이는 진남색 셔츠를 차려 입은 키가 큰 독일인이 앉아 있다. 대강의 설명이 끝나고 재미있다는 듯이 그가 물었다.

"당신의 강점을 말씀해주시겠어요?"

당신은 바로 "저의 강점은… 협조성입니다"라고 답을

참고

이미지화는 구체적인 모습을 떠올리는 것이다. 우리말만 떠오르고 영어 단어는 아무것도 생각나지 않는 깜깜한 상태라면 패닉에 빠지지 말고 자꾸 이미지화를 해 다른 단어를 찾아보자.

하려 했지만 '협조성'이란 영어 단어가 떠오르질 않아 대답을 주저하고 있다. 자, 이럴 때 어떻게 하면 좋을까?

당신이 해야 할 일은 어느 문장 패턴책을 통해 배웠던, 여기저기 한구석에 적어놓았을 법한 예문을 기억해내려 애쓰는 작업이 아니다. **머릿속으로 이미지를 펼쳐봐야 한다.**

여기서 당신이 지녀야 할 시점이 바로 이것이다. **'협조성이 있는 나의 모습'**이, 그 이미지 속에서 무엇을 하고 있는가?

이러한 시점을 가져야 당신이 꼭 하고 싶었던 말의 '핵심'을 끄집어낼 수 있다. 그럼 협조성이 있는 사람이란 어떤 사람일까? 직접 여러 이미지를 그려보자.

내가 가르쳤던 학생 중에는 '상담이 가능한 사람'이란 이미지를 말한 사람도 있었고, '사람들의 의견을 존중할 줄 아는 사람' '다른 사람을 이해할 줄 아는 사람' 등 다양한 이미지를 말해주었다.

그렇다면 이 다양한 이미지를 당신이 이미 알고 있는 단어로 적절하게 영어로 말해보자. 우선 '협조성'은 '내가' 가지고 있는 강점으로 주어는 '나'로 한다. '협조성이 있는 나는' 구체적으로 어떤 모습일까? 생각해보자.

타인의 의견을 존중하고 있는 모습을 생각했다면 이런 표현은 어떨까?

I respect people's ideas.

나는 존중한다, 사람들의 아이디어를

'의견을 잘 받아들이는 이미지'를 떠올렸다면 이렇게 말해보자.

I can accept other people's ways of thinking.

나는, 받아들일 수 있다, 다른 사람의 생각 방식을

여기까지가 이미지를 그려, 그 상세한 상황을 영어로 말하는 방법이었다. 하지만 실제 '협조성이 있다'란 이미지가 잘 그려지지 않을 때도 있다. 그러면 아무것도 말하기가 힘든 상황이 된다. 그렇다면 역의 발상은 어떨까? **반대로 '협조성이 없는 사람'을 이미지화해보는 것도 좋은** 방법이다. 여기서의 포인트는 '협조성이 없는 사람'이 할 법한 일을 '나는 하지 않는다'는 전제로 영어를 하는 것이다. 이렇게 하면 영어 표현의 폭이 더욱 확대된다.

'협조성이 없는 사람'을 이미지화해본다면 '반대 의견의 사람을 거부한다' 혹은 '타인의 이야기를 좀처럼 듣지 않는다' 등 여러 이미지가 그려질 것이다.

이런 이미지에서 다음과 같은 문장을 끌어낼 수 있다. 별거 아닌 단어와 문장 형식으로 영어 표현이 완전 풍부해지는 것 같지 않은가?

I don't reject people.
나는 거부하지 않는다, 사람들을

실제 '협조성'을 영어 사전에서 찾아보자.

협조성 : accommodativeness, cooperativeness

accommodativeness는 발음하기도 너무 힘들다(웃음). 이 accommodativeness를 바로바로, 즉각 떠올리고 완전 능숙하게 발음해 문장으로 만들어 상대에게 의미를 전달한다면 정말 편리할 것이다. 하지만 이 정도 수준이 아닌, 단어가 기억이 안 나서, 발음이 어려워서, 영어를 못하겠어 하고 고민하는 사람들도, 이제는 이미지화하는 방법

참고

accommodative-
ness
[əkámədèitivnis]

cooperativeness
[kouápərətivnis]

을 사용하면 더 이상 걱정할 필요가 전혀 없다.

이렇게 '다른 말로 바꿔 말하기' 방법은 여러분의 '이미지'를 표현하기 때문에 이야기가 보다 '구체적'이게 되고, 추상적인 하나의 단어 표현보다 오히려 생생한 회화를 가능하게 하는 효과도 가져온다.

우리나라 말로 한다고 생각해보라. "저의 장점은 협조성입니다"라고 하면 상대방은 '어떤 협조성을 말하는 거지' 하고 고개를 갸웃거리게 된다. 우리나라 말도 이러할진대 영어로 하면 더 모호해지는 경향이 있다. 이미지화를 통해 바꿔 말하기를 하면 상대도 '협조성'이란 추상적인 의미 대신 이 사람은 어떤 면에서 '구체적으로 무엇이 가능한지'를 쉽게 상상할 수 있게 된다. 그러면 커뮤니케이션의 질이 훨씬 높아진다.

영어가 안 된다고 걱정하지 말고 이 방법을 자주 활용해보라.

"저의 강점은 협조성입니다."

| 💡 꼼수 트릭 A | 💡 꼼수 트릭 B |

협조성?

협조성이 있는 사람

다른 사람의 의견을
존중하는 사람

나는 사람들의 아이디어를
존중한다.

꼼수 영어 완성

I respect
people's ideas.

협조성?

협조성이 없는 사람

다른 사람을
거부하는 사람

나는 사람들을
거부하지 않는다.

꼼수 영어 완성

I don't reject
people.

'우리말'…'꼼수말'…
'영어'로 생각하기

필자도 영어는 영어로 생각하지 않으면 안 된다고 여긴다. 그러나 이것은 상급 수준이 되었을 때의 일로 그 정도 수준이어야 도전할 수 있다. 여기서 상급 수준이란 토익으로 말하면 800점 이상으로, 해외생활을 통해 영어를 자연스럽게 습득한 수준의 실력을 말한다.

이런 상급 수준에 아직 도달하지 못한 사람들이 처음부터 지나치게 '영어를 영어로 생각하는 것'은 위험한 일이다. 시간도 많이 걸리고 바로 효과를 얻기 힘들기 때문에 빨리 지친다.

우선 여러분들이 해야 할 다음 과정은, **머리에 떠오른 우리말을 스스로 정확히 분석해 이해하는 것**이다.

'내가 말하려는 우리말을 굳이 분석까지 하지 않아도 이해하고 있어' 하는 마음은 잘 안다. 하지만 말하려 했던 우리말이 어려웠기 때문에 영어로 전환하는 것이 힘들었을 가능성이 높다는 문제점도 배제할 수 없다. 자신이 말하고자 했던 우리말을 영어로 바로 말할 수 없는 이유는 다음의 네 가지로 정리된다.

1 토막 패턴 – 여러 것들이 지나치게 생략되어 있다

2 어려운 단어 사용 패턴 – 단어력이 너무 많이 필요하다

3 길을 잃은 패턴 – 문장이 너무 길다

4 뭔가 재치있게 말하려 애쓰는 패턴 – 빈약하다고 할 정도로 간략하게 말한다

이상 이들 각각의 문제점과 대처법을 설명하겠다.

1. 토막패턴 ⋯⋙ 주어와 동사를 의식한다

먼저 첫 번째로 여러가지 것들을 지나치게 생략한 토막 패턴의 예를 들어보겠다.

ⓐ 한잔 어때?
ⓑ 좋아.

이것을 영어로 말할 때를 생각해본다. 있는 그대로 영어로 말하기 전에, 우선 여러분은 **3마디**(주어와 동사와 그 이외) 우리말로 다시 바꿔본다.

ⓐ 당신, 갈래? 마시러, 오늘밤
ⓑ 그것, 들리는데, 좋게! (나도 가고 싶어!)

이런 느낌으로 바꿔볼 수 있지 않을까? 이렇게 말을 바꿔보면 영어가 간단해진다.

ⓐ **You're going drinking tonight?** (끝을 올린다.)
ⓑ **That sounds nice!** (I want to go!)

"한잔 어때?"

한잔?

술을 마시다

오늘밤에 마시러 갈래?

꼼수 영어 완성

You're going drinking tonight?

다른 예를 들어보자.

정신이 나간 상태야.

이것은 누가 어떠한 상태로 되어 있다란 뜻일까?

나는 모르겠어, 무엇을 해야 할지

이렇게 전환했다.

I don't know what to do.

이와 같이 하려 했던 말을 3마디 의식으로 바꿔 영어로 말하는 것이다. 왜 이렇게 바꿔서 말하는 것이 필요할까? 그것은 우리말과 영어의 구조가 다르기 때문이다. 우리말 회화를 가만히 듣고 있으면 어떤 생각이 드는가?

"정신이 나간 상태야."

정신이 나간?

무엇을 할지
모르는 상태

나는 무엇을 해야 할지
모르겠어.

I don't know what to do.

밝아 보이네!

기분이 좋아!

그 보고서 어떻게 됐어?

그쪽에 확인해보겠습니다.

그렇다, **주어가 없다.** 주어란 문장에서 '○○가'의 부분이다. 그러나 우리말은 주어를 필요로 하지 않는 언어다. "내가 그쪽에 확인해보겠습니다." 이렇게 주어를 넣으니 오히려 어색함마저 느껴진다. 우리말은 '**듣기 기술이 필요한 언어**'라 할 수 있다. 예전부터 '행간을 읽는다' '상대의 말을 배려한다' 같은 기술이 커뮤니케이션에 중요하게 작용되었다.

그 결과 **말하는 쪽이 듣는 상대에게 전달할 정보가 적어도 어떻게든 커뮤니케이션이 된다.** 그렇다, 우리말은 하기는 간단하지만 듣기는 힘든 언어다. 따라서 우리 모두는 '그 어려운 상대의 말을 잘 이해하는 기술'만큼은 세계 제일이라는 자부심을 가져도 된다(웃음).

그리고 동시에 알아두어야 할 것이 있다. 그것은 **듣는 능력이 우수한 만큼 '말하는 상대로서는 그다지 훌륭한 파트너가 되지 못한다'**는 것이다. 주요 원인 가운데 하나가 '**주어가 명확하지 않다**'다. 주어가 없어도 상대가 이해해주기 때문에 말하는 쪽은 굳이 '전하는 기술' '명확하게 말하기' 능력을 키우려 하지 않아도 말하는 데 있어 그다지 불편함을 느끼지 못한다.

이에 반해 영어는 다민족이 사용하는 공통언어란 점을 바탕에 깔고 있기에 상대의 상상에 맡기는 것을 그다지 좋아하지 않는다. 즉 말할 때 모든 정보를 정확히 전달하려고 하고 그럴 필요가 높았다.

말하는 쪽의 책임이 무거운 영어. 듣기는 편하고 말하기는 어려운 언어라 할 수 있다. 이 사실을 모른 채 우리말 감각 그대로 주어 없이, 동사는 문장 어딘가 적당히 넣어 말을 하면 상대는 이해하기 힘들어한다. 따라서 이렇게 토막처럼 짤뚝 생략이 많은 우리말을 영어로 말할 때, **'주어는 뭐고' '그다음에 오는 동사는 뭐?'**를 계속 의식해 줘야 한다.

이것이 이 책에서 말하는 '3마디' 의식이다.

결과론적으로 영어로 말할 때는 주어를 정확히 해야 의미가 올바르게 전달이 된다.

게다가 **우리말에서 '주어'라고 생각했던 것이 실은 주어가 아닌 경우도 있다.** 예를 들어 '코끼리는 코가 길다'의 경우 주어는 코끼리, 아니면 코, 어느 것일까? 이 경우 주어처럼 보이는 '코끼리는'의 '는'은 전체의 주제를 지시하는 '는'으로, 여기서 주어는 '코'다.

주어를 명확히 해주고 우리말 ⋯▸ 꼼수말 ⋯▸ 영어의 과정을 다시 한 번 꼭 상기하길 바란다.

2. 어려운 단어 사용 패턴 ⋯⟶ 우리말을 푼다

두 번째는 '단어력 없이는 말하지 못할 어려운 단어를 사용하는 패턴'이다. 예를 들면 **'선입견을 갖지 말고 들어'**란 말을 영어로 해보자. 이것을 그대로 영어로 말한다면 **'Don't have… 선입견?'**이 되어버리지 않을까?

이처럼 어려운 우리말을 그대로 영어로 옮기려 하니 곤혹스러울 수밖에. 때문에 역시 '단어력'이 있느냐 없느냐에 영어 말하기의 승부가 난다고 결론짓게 된다. 여기서는 '선입견을 갖지 말고'의 '핵심'을 찾으려 해야 한다. 어려운 우리말을 풀어서 이미지화한다.

선입견

'선입견'을 사전에서 찾아보면 **'처음 알게 된 것에 의해 만들어진 고정적인 관념이나 견해, 그것이 자유로운 사고를 방해할 경우를 말한다'**로 쓰여 있다.

어른 말을 버리고 아이에게 설명하듯 말한다면 "아무 생각 말고 그냥 들어" "당신이 알고 있는 것은 우선 잊어 버리고"로 설명이 가능하다. 혹은 "오픈해서 들어"라고 말해도 의미가 전해질 것이다.

Please have an open mind!
가지라고, 오픈 마인드를

Forget everything you believe!
잊어버려, 전부, 네가 믿는 것의

Don't think about anything.
Just listen.
생각 말고, 아무것, 그냥 들어

영어로 말하기 쉬운 단어를 머릿속에서 끄집어낸다. 그리고 어려운 단어는 일단은 '유치원 선생님'이 되었다고 치고 아이가 이해하기 쉽도록 풀어서 말하듯 한다. 영어로 놀라울 정도로 많은 표현을 말할 수 있다는 사실을 느끼게 될 것이다.

3. 길을 잃은 패턴 … 문장을 짧게 나눈다

세 번째는 '문장이 너무 길어서 헤매는 패턴'이다. 이 패턴의 핵심 해결법은 문장을 나눠서 생각하는 것이다. 예를 들어보자.

숙취로 오늘은 완전 엉망진창이야.

이런 말을 할 때 '숙취?' '오늘은?' 여기서 무엇이 주어지 하고 머리를 쥐어짜게 된다. 그리고 '엉망진창'이란 단어를 모르면 완전 아웃.

이럴 때는 조금 전에 소개했던 기본 스텝 '이미지를 그린다'를 사용해 '숙취로 엉망진창인 자신의 이미지'를 머릿속으로 그려본다. 그리고 이미지 속의 나를 통해 '말하고 싶은 것'을 몇 가지로 나눠서 생각해본다.

예를 들어 '엉망진창'과 '숙취'를 둘로 나눠서 생각해보자. 그리고 이미지 속에서 구체적인 부분을 찾아, 거기에서부터 영어로 말할 수 있는 주어와 동사를 찾는다. 그려진 이미지 속에 숙취로 엉망진창인 나의 모습은 '오늘따라 일에서 실수가 많다'. 이를 영어로 말하기 쉽게 우리말 순서를 바꿔본다.

"선입견을 갖지 말고 들어."

선입견?

믿고 있는 것

네가 믿고 있는 것을
전부 잊어버려.

Forget everything you believe!

선입견을 갖다

생각이 갇히다

오픈 마인드를 가져.

Please have an open mind!

나는, 실수를 했다, 많이
나는 술을 마셨다, 많이, 어젯밤

"숙취로 오늘은 엉망이었어"를 '나는, 실수를 했다, 많이'와 '나는 술을 마셨다, 많이, 어젯밤'이라는 문장으로 나눌 수 있다. 여기서 '숙취'란 명사 단어를 몰라도 '나는 술을 마셨다, 많이, 어젯밤' 혹은 '나는 마셨다, 너무도 많은 양의 술을, 어젯밤'으로 표현이 가능해졌다. 이걸 영어로 말해본다.

I made a lot of mistakes.
나는 했다, 많은 실수를

I drank too much yesterday.
나는 마셨다, 너무 많이, 어제

'숙취로 엉망진창인 나'를 한 문장으로 말해야 한다는 법은 없다. 두 개든 세 개든 몇 개로 나눠도 상관없다.

이미지를 좀 더 심화시켜보자. '숙취로 엉망인 상황' 앞에 이번에는 '상사'가 등장한다.

머릿속 이미지에서 상사는 몹시 화가 나 있다. 당연하다, 숙취로 실수를 연발하고 있으니. 자, 그렇다면 '화내다' 정도는 영어로 할 수 있다면 '상사'를 주어로 꼼수말을 만들어본다.

내 상사는, 화났다
나는, 마셨다, 너무 많이, 어제

My boss got angry.
I drank too much yesterday.

이렇게 영어 회화가 가능해진다. 혹시 상급 수준이라면 because란 접속어를 사용해 두 문장을 연결해 말해보는 것도 좋다.

I can't do anything because I drank too much yesterday.

나는 할 수 없었다, 아무것도, 왜냐하면 내가 마셔서, 너무 많이, 어제

이렇게 문장을 나눠서, 상상력을 발휘해 영어로 전환해 간다. 이렇게 하면 보이지 않았던 영어의 세계가 생생하게 내 앞에 펼쳐질 것이다.

4. 뭔가 재치있게 말하려고 애쓰는 패턴
⋯▸ 이렇게 해도 될까 싶을 정도로 심플하게 말한다

마지막 네 번째는 '지나치게 뭔가 영어로 잘 말해봐야지' 하고 어깨에 힘을 잔뜩 주기 때문에 오히려 영어가 안 되는 경우에서 자주 보이는 패턴이다.

예를 들어 상사가 외국인으로 바뀌면서 고민에 빠진 한 수강생의 이야기를 소개하겠다. 그는 새로 온 외국인 상사로부터 '자네의 영어는 가끔씩 뭔 말을 하는지 뜻을 모르겠네'라는 말을 들었다고 한다. 그는 수업 중에 이렇게 저렇게 영어를 시켜보면 특별히 문제가 없었다. 하지만 상사에게 그 말을 들은 이후부터는 영어에 자신감을 잃은

"숙취로 오늘은
완전 엉망진창이야."

💡 꼼수 트릭 A

숙취로 엉망진창

실수

나는 실수를
많이 했다.

꼼수 영어 완성

I made a lot of mistakes.

💡 꼼수 트릭 B

숙취

술

나는 어젯밤
술을 너무 많이 마셨다.

꼼수 영어 완성

I drank too much yesterday.

듯했다.

그의 상사가 무엇을 지적하고 싶었던 것인지 이해가 된 순간이 있었다. 그것은 "지난주 뭘 했나요?"라는 주제로 이야기를 하고 있을 때였다. 그는 가족을 정말 사랑하는 사람으로 딸과 영화를 보러 갔다면서 피식 웃었다. "그 영화는 어땠나요?" 하고 묻자 **"반은 정신을 잃었어요"**라고 대답했다(웃음).

순간 함께 있던 모든 사람이 웃음을 참지 못했지만 '자, 그것을 영어로 해봅시다'라고 하자 그의 표정이 일변했다. "I lost… My sense? 아냐, 틀렸다. I lost 정신…."

그는 '정신'이란 단어를 기억해내느라 온 신경이 쏠리고 말았다. 기다리는 동안 "기억났나요? 안 나세요?" 하고 긴장감에 싸여 있던 분위기를 다소 누그러트리긴 했지만, 강의실에는 잠시 동안 쏴한 분위기가 감돌았다(웃음).

이러한 상황을 피하기 위해 가능한 대책이 **"간략하게 한다"**란 기술이다. 이는 **'핵심'을 간파하는 것**과 동일하다.

반은 정신을 잃었어요.

아무것도 기억 안 나요. 잤어요.

I don't remember anything.
I was sleeping.

분명 '정신을 잃었어'란 표현을 한 이유는 분위기가 가라앉아 있어 재치있게 말해보려는 생각에 쓰지 않았을까 예상이 된다. 하지만 결과적으로 '뭔가 그럴싸하게 말하려' 함으로써 상대방에게 의미 전달은커녕, 분위기만 어색하게 만들어 무안까지 당하고 말았다.

이런 경우는 '이렇게까지 해야 해' 할 정도로 단순하게 말하는 어조를 연구해본다. 머릿속으로 하고자 했던 말을 **최소한으로 간략하게** 정리한다. 너무 단순해 **빈약하다고** 할 정도여도 상관없다. 뭔가 상대가 감탄할 정도의 멋진 말을 하려는 자세를 버린다.

그것만으로도 말하기 쉬운 영어가 이어진다.

"반은 정신을 잃었어요."

정신을 잃다

아무것도 기억이 안 나요.

꼼수 영어 완성

I don't remember anything.

정신을 잃다

잤어요.

꼼수 영어 완성

I was sleeping.

주어와 동사를 찾는다

1. 주어 찾기 ⋯ 이미지와 '세 가지 시점'

머릿속에서 영상을 떠올리고, 우리말 ⋯ 꼼수말 ⋯ 영어로
바꿔가면 영어로 할 수 있는 말이 늘어남을 느낄 것이다.
이때 가장 중요한 것이 주어다.

　영어 문장을 만들 때 늘 제일 먼저 오는 것이 '주어'다.
이것을 바로 결정하지 않으면 입을 뗄 수가 없다. 따라
서 '주어'를 찾는 능력은 영어를 하는 데 있어 큰 도움이
된다.

　우리말 ⋯ 꼼수말 ⋯ 영어 순으로 생각을 했는데도 어
떻게 하면 좋을지 모를 때, 이후 소개되는 이 스텝을 시도
해본다.

107

나는 지난 일주일 동안 싱가포르에 시찰을 갔다. 그때 호텔에서의 일이다. 체크인을 하고 샤워를 했다. 그런데 샤워기를 잠갔는데도 물이 계속해서 조금씩 떨어져 멈추질 않았다.

똑똑똑…. 물 떨어지는 소리가 방에까지 들려와 도저히 잠을 잘 수가 없었다. 프런트에 전화를 해 사정을 설명하기로 했다.

죄송합니다.
욕조의 온수가 멈추질 않아요.

이렇게 영어를 하려 했는데 잠시 생각했다. 이때 주어는 온수로 hot water인가? 그럼 동사는 doesn't stop이 되겠지! 그러나 정작 영어로 해보니 부자연스런 느낌이 들었다. 그럼 물, water? 그리고 동사도 come out 혹은 keep on running으로 해볼까? 이렇게 이것저것 생각해보았지만 어떻게 해도 뭔가 부자연스러웠다.

자, 이때가 바로 우리가 배운 과정을 적용해볼 순간이다. 우선 STEP 1에서 소개한 '이미지 그리기'를 활용해본다.

주어를 생각해보자. 멈추지 않는 것, 그것은 '온수'라고
도 '샤워기'라고도 말할 수 있지 않을까?

여기서 내가 프런트에 말했던 표현은 다음과 같다.

The shower doesn't stop.
주어(S)

멈추지 않는 것은 물이지만, 물이 나오는 곳 '샤워기'를
지칭해봤다. 이렇게 하면 금방 이해할 것 같았다.

어딘지 모르게 영어가 영어답지 않은 표현이 될 것 같
을 때 **우선 말하고자 하는 것을 이미지화해본다.** 그리고
'물' 이외에 생각이 가는 주어를 떠올려본다. 그러면 말하
기 쉬운 표현으로 영어가 나온다.

'주어와 동사를 의식한다'에서 하나 더 중요한 접근법
이 '시점을 바꾼다'다. 영어 표현을 생각할 때는 **나의 시
점, 상대의 시점, 제삼자의 시점**이란 세 가지 시점을 가지
면 힌트를 쉽게 찾을 수 있으니 꼭 사용해본다.

예를 들어 이번 싱가포르 출장 중에 학교 견학도 있었
다. 그곳에서 "당신의 학교는 급식인가요?"라고 물어보고

싫었다. '급식'이란 단어를 모를 경우, 어떻게 해야 할까? 그냥 우리말로 일대일 대응을 하면 **'당신의 학교 is 급식?'** 이란 표현이 되는데 이는 **당신의 학교 = 급식이란 이상한 영어가 된다.**

이를 피하기 위해 "당신의 학교는 급식인가요?"에서 우리말의 '주어'를 찾아야 한다. 자, 여기서 등장하는 것이 '시점'이다. '나의 시점' '당신의 시점' '제삼자의 시점'으로 문장을 새로이 관찰해보도록 하자.

'급식인가요?'란 질문에서 내가 듣고 싶은 것은 실은 **엄마가 아이의 점심을 만들어줘야 하는가?**다. 이것을 '나의 시점'으로 말해본다.

Do I have to make a lunch box for my daughter?

나는, 만들어야 합니까, 도시락을, 딸을 위해

이번에는 시점을 바꿔서 '상대의 시점'으로 주어를 생각한다. 이때는 '당신'이 주어가 되므로 "당신은 점심을 줍니까?"라고 물을 수 있다.

Do you provide a lunch box
for students?

당신은 줍니까, 도시락을, 학생들을 위해

더 나아가 '제삼자의 시점'으로도 주어를 생각할 수 있다. 이 사례에서는 '딸의 시점'이 제삼자의 시점이 된다. '딸'을 주어로 했을 때 도시락을 '가지고 간다'가 된다.

Does my daughter have to
bring a lunch box from home?

내 딸은 가지고 가야 합니까, 도시락을, 집에서부터

여기에 등장하는 인물 모두의 시점으로 영어를 말해보면 생각 이상으로 여러 영어 표현이 가능하다는 것을 알 수 있다.

"욕조의 온수가
멈추질 않아요."

 꼼수 트릭

온수?

멈추지 않는 것

샤워기

샤워기가 멈추지 않는다.

꼼수 영어 완성

The shower doesn't stop.

"당신의 학교는
급식인가요?"

급식

도시락을 싸야 함

내가 딸의 도시락을
만들어야 합니까?

Do I have to make a lunch
box for my daughter?

2. 동사를 찾는다 …▸ 어른 말은 갖다 버려라

우리말의 특징은 '주어가 없다'다. 그리고 하나 더 **'동사' 가 굉장히 적다**란 특징도 있다. 그렇기 때문에 우리말 그 대로를 영어로 말하기가 힘들다.

이것은 무슨 의미일까?

하나의 동사를 영어사전에서 찾아보면 쓰임에 따라 다 양하다는 것을 알 수 있다. 나는 학창시절 '만들다'란 단 어를 사전에서 찾아보고 놀란 일이 있다. '만들다'란 단어 에서만 나온 의미가 다음과 같다.

만들다

make (물건 등)

pull~together (식사 등)

【타동사】

build (체격, 건물 등)

create (새로운 기계 등을)

cook (음식 등)

churn (휘저어 버터를)

cobble [영] (구두를)

coin (새로운 낱말·어구를)

compose

참고

기본적으로 동사를 외울 때는 같이 쓰이는 명사와 함께 익히는 연습을 해놓는다.

configure

contrive (정교한 것을)

cooper

fix (식사나 음료수를)

jerk [미] (아이스크림/소다 등)

manufacture (기계에서 대량으로)

produce (제품을/정신 활동으로 작품 등)

raise (콩이나 섬유 등)

tear (벌어진 틈 등)

weave (섬유로 천을/바구니 등/ 거미줄 등/여러 개를 조합해서 이야기를)

【구동사】

put together (클럽/파벌을)

sep up (신기록을)

【자동사】

fabulate (창작이나 공상 이야기 등)

〈on the WEB〉

도대체 어떤 단어를 써야 한단 말인가? 앞이 깜깜해졌다.

우리말에서는 동사 하나로 표현할 수 있는 것을 영어에서는 몇 개나 세분화해 말한다. 역으로 말하면 우리말 '만들다' '울다' '화내다' '웃다' 등의 동사에는 변화가 적음을 알 수 있다.

한편으로 우리말에서는 '명사＋하다'로 표현하는 '변형 동사'가 있다. 예를 들어 '화내다' 하나만 봐도 명사에 하 다를 붙여 '분노하다' '격노하다' '격분하다' 등 여러 표현 을 만들 수가 있고 이를 사용해 '어느 정도 화가 났는지' 를 생생하게 전하는 것이 가능하다.

그러나 이 '변형동사'를 **영어로 바꿔서 말하기는 힘들 다.** '하다' 부분이 거의 아무런 의미가 없기 때문에 '분노' '격노' '격분' 등, 하다의 앞에 있는 명사의 단어력이 없으 면 말하기가 곤란해져버린다. 결론적으로, 이것을 그대로 영어로 말하려 하면 순간 멈칫하게 된다.

따라서 여기 '동사 찾기' 스텝에서는 **어떻게 하면 이런 명사와 결합된 변형동사 등을 영어의 '일반동사'로 만들 수 있을까** 하는 시점을 갖는 것이 매우 중요하다.

동사를 찾기 위해 필요한 것이 3장에서 소개했던 '어른 말 버리기' 사고다. 반드시 아이에게 설명한다면 어떻게 할까라는 시점에서 어려운 단어를 바꿔서 말해본다.

'독서한다'는 '읽다'
'구매한다'는 '산다'

어려운 우리말을 있는 그대로의 어른스런 영어로 바꾸 려 한다면 고생스럽지 않을까? 늘 쉬운 영어로 바꿔서 말

참고

평상시 괜히 어려운 한 자말을 많이 썼던 사람 이라면 우리말을 더 아 끼고 사랑한다는 관점 에서라도 순 우리말 표 현을 더 많이 써보는 건 어떨까? 우리말 표 현부터 단순해지자.

해보는 습관을 들인다. 그 외에도 다음과 같은 어른 말을 이렇게 바꿔서 말하는 것은 어떨까?

나쁜 행동이 성행한다 ⋯⟶ **모두가 나쁜 짓을 하고 있다**

착석해주세요 ⋯⟶ **앉아주세요**

의문을 던지다 ⋯⟶ **묻다**

계산하다 ⋯⟶ **(돈을) 내다, 지불하다**

발언하다 ⋯⟶ **말하다**

그래도 어려울 때는 '전하는 말'로 해본다

그녀는 적극적인 사람이다.

이 말을 영어로 하고 싶다면 먼저 이미지를 그리고 우리말 ⋯▸ 꼼수말 ⋯▸ 영어로 말해본다. 음⋯ 이번 경우는 '그녀'라고 하는 주어는 바꿀 수 없을 것 같고, 어떻게 하지 하고 앞에서 익힌 스텝으로도 갈팡질팡 길을 찾기 힘들다면 여기 나온 응용 스텝을 활용한다. 즉 '**적극적인 그녀**'를 '**전하는 말**(전문)'로 하는 것이다.

이런 시점으로 다시 한 번 '적극적인 그녀'의 이미지를 떠올린다. 그러면 "그녀는 '힘들어'라는 말을 절대 하지 **않아**" 같은 여러 관점이 나온다.

이렇게 전하는 말 형태의 영어로 한다면 '적극적인'이 라는 영어 단어를 몰라도 '적극적인 그녀의 모습'은 떠오 르게 할 수 있다.

또 '적극적'이란 단어를 알고 있어 단순히 그 단어를 써 서 영어로 말하는 것보다는 **이와 같이 전하는 말을 통해 그녀의 모습을 '현실감' 있게 표현하는 쪽이 왠지 대화가 더 실감나는 경우가 많다.**

이는 비즈니스 현장에서도 많이 사용할 수 있다. 예를 들어 기획안을 발표한 이후 "이번 기획 통과했네!"라고 동료에게 말하려 한다. 이때 'Your proposal... 통과했네? 통과? 뭐라고 하지?'라고 생각했다면, 전하는 말을 떠올 린다. 즉 **누군가로부터 실제로 들었던 말을 영어로 해보 는 것이다.**

They said,
"Yes" to your proposal!

그들이 말했어, "예스"라고 너의 기획안에

이렇게 전하는 말로 한다면 당신이 기뻐하는 마음까지도 전달이 될 것이다.

"통과하다, **pass through**…?"로 직역해 말하는 것보다 전하는 말로 영어를 하게 되면 현장감도 커지고 회화가 더욱 흥이 난다. 더욱이 동료와의 간단한 잡담에서 이를 사용하면 서로 가까워질 수 있는 대화거리가 풍성해진다.

단어력만으로 싸우려 하지 말고 '전하는 말'을 잘 구사해보는 것도 영어 말하기에 큰 도움이 된다.

참고

She's aggressive.
그녀는
적극적인 사람이다.

She never told
everyone,
"It's so hard to me."
그녀는 '힘들어'라는
말을 절대 하지 않아.

"이번 기획 통과했네!"

통과?

"Yes" 대답을 듣다

그들이 자네 기획안에
"예스"라고 말했어!

They said, "Yes"
to your proposal!

꼼수 레벨 테스트

우리말을 꼼수 트릭을 사용하여 영어로 바꿔보자!
이때 직역은 No! 의미만 전달되면 OK!

1 저의 강점은 협조성입니다.

...▶
_____

2 한잔 어때?

...▶
_____

3 선입견을 갖지 말고 들어.

...▶
_____

4 욕조의 온수가 멈추질 않아요.

...▶
_____

5 이번 기획 통과했네.

...▶
_____

6 정신이 나간 상태야.

···▸

---

7 숙취로 완전 엉망진창이야.

···▸

---

8 반은 정신을 잃었어요.

···▸

---

9 당신의 학교는 급식인가요?

···▸

---

10 그녀는 적극적인 사람이다.

···▸

---

11 그녀는 '힘들어'라는 말을 절대 하지 않아.

···▸

이런 충고는
필요 없다

"이번에는 꼭 영어를 공부해야지" 하고 신년 목표를 세우는 사람들이 굉장히 많다. 이 때문에 매해 초마다 영어 교재가 많이 팔린다고 한다. 모두가 영어를 하겠다는 목표를 가지고 대단한 계획을 세운다. 그러나 조금만 시간이 지나도 우르르 무너진다. 이렇듯 사람의 의지는 오래 가지 못한다.

도대체 왜일까?

실은 '영어를 하겠다'라고 하는 것에는 여러 종류의 의미가 있다. 영어 회화가 필요해서, 듣기가 부족해서, 독해력을 늘려야 해서, TOEIC에서 좋은 점수를 얻기 위해, 비즈니스에 필요해서, 자유여행을 위해서 등.

하지만 많은 사람들이 세부 목표 없이 그냥 막연하게 '영어를 잡겠다'고 결심하고 영어 공부라는 안개 속으로 뛰어든 결과, 도중 하차하게 되는 경우가 많은 것이다.

'요리를 배우겠다'와 비유해보면 쉽게 이해가 될 것이다. 요리에도 빵, 면, 찜 등 다양한 종류가 있다. 무엇을 만들 것인가에 따라 배우는 것도, 재료도 달라지는데 이를 '요리' 하나로 얼버무려 취급하다 보면 먼 길을 우회하게 되는 경우가 생기게 마련인 것이다.

이 책은 '영어 회화'만을 특화한 것으로, 여기서 말하고자 하는 것은 '영어로 말하고 싶다'란 분들을 위한 영어 학습법이다.

물론 '영어 공부법'이라는 시점에서 보면 이 책 역시 영어 회화 이외에도 중요한 학습 방법을 다양하게 조언하고 있다. 여기서 우리가 주의해야 할 것은 오히려 다양한 영어 학습법의 조언을 '영어 회화'에 적용하려다 그것들에 사로잡혀 말을 하지 못하게 되는 경우도 많다는 점이다.

당신의 목적은 무엇인가? **'말하기'가 목적이라면 필요 없는 조언은 버리고 새로운 가치관을 인풋해보라.** 다음은 영어 말하기를 위한 실력 키우기에서 버려야 할 '필요 없는 대표적인 조언'의 예를 소개한 것이다.

일단은 단어력부터 키워라?

"왜 영어로 말을 못한다고 생각합니까?"라는 질문에 많은 학생들이 가장 먼저 **"단어량이 절대적으로 부족해서요"**라고 답한다.

그 결과 '기출 단어집'을 사서 **A**부터 **Z**까지 하나씩 암기해간다. 확실히 단어량이 많아지면 문장 구사력이 좋아져 영어를 말하는 데 효율적이지 않을까 생각하겠지만 왜 이것이 '필요 없는 조언'이 될까?

그것은 단어를 '늘려가는 방법'에 문제가 있어서다.

단어를 단어로만 기억하는 것은 밭에서 부작정 무만 뽑아 가지고 오는 것과 같다. 그것만으로는 어디에 사용할지 전혀 알 수가 없다. 흙을 털고 껍질을 벗기고 적당한 크기로 썰어서 조리를 하기까지, 이 무를 어떻게 이용해 맛있는 요리를 만들까는 실제로 만들어보지 않고는 전혀 모르는 일이다.

이와 마찬가지로 **그저 단어 수만 늘려갈 뿐 그것을 구사하지 못한다면 의미가 없다는 것이다**. 단어집을 사서 열심히 단어를 외우는 작업은 '인풋'이다. **'말하기'에 필요한 힘은 '자신 안에 있는 정보를 밖으로 끌어내는 힘'**, 즉 이미 가지고 있는 단어를 구사해 전달하고 싶은 말을 하는 능력을 말한다.

단어장을 만들어라

이것도 앞에서 말한 '어쨌든 단어량을 늘려라'의 조언과 마찬가지다. 오히려 '단어량을 늘려라'라는 조언 이상으로 **'영어를 다한 것 같은 느낌을 주는 위험한 조언'**이다. 나도 예전에는 단어장을 만드느라 여념이 없었다. 하지만 반드시 '단어장 신화'가 무너지는 날이 온다.

내 경우는 미국 공인회계사 시험공부를 하고 있을 때였다. '모르는 단어가 있으면 나만의 단어장 만들기'란 공부 방법은 고등학생 때부터 배어온 습관이기에 늘 하던 대로 열심히 단어장을 만들어갔다. 그러던 어느 날, 오랫동안 고생해 만들어온 단어장을 멍하고 바라보고 있는 나에게 먼저 시험에 합격한 선배가 말을 걸어왔다.

"너 아직도 단어장을 만드니? 이거 소용없어!"

"에에~~~ 넷?~~~ 왜!? 왜요!"

미국 공인회계사 시험은 필기시험이 아니다. 스스로의 힘으로 논문을 작성해 사람들 앞에서 프레젠테이션하는 시험으로 한마디로 단어력 그 자체가 매우 중요하다. 그럼에도 그 선배의 말에 의하면 전문용어는 준비하는 동안에 수십 번이고 반복해 나오기 때문에 굳이 단어장을 만들지 않더라도 저절로 암기가 된다는 것, 게다가 논문에서 사용한 단어를 가지고 문장으로 구사해야 할 경우 '아웃풋'하는 관점에서 사용할 단어가 말속에서 적절하게 표현되어야 하기 때문에 **단어장을 만들어 의미만을 통째로 암기하는 이 공부법은 영어로 잘 말하고 싶다라는 목적에 도달하기에는 너무 먼 길로 우회하는 결과**를 낳게 된다는 것이다.

이 말을 들으니 정신이 번쩍 들었다.

실제로 "영어로 무엇을 할까?"라고 할 때 절대로 '단어 자체'만은 사용하지 않는다.

시험에 "이 단어의 의미는?"같이 단어 자체만 알고 있으면 정답을 바로 맞힐 수 있는 문제도 많기 때문에 나름 시험만을 위해서라면 꼭 필요한 공부 방법일지도 모른다. 하지만 '말하기'라든지 '쓰기'를 위한 방편으로서 영어를 할 경우는 문장 안에서 적절히 활용되지 않으면 의미가 없다.

따라서 그런 능력을 키우기 위해 필요한 것은 '단어장 만들기'가 아닌, **자신의 힘으로 지금 가지고 있는 단어를 퍼즐 맞추듯 '아웃풋'하는 연습**인 것이다.

단어장을 만들어 그것만 바라보는 것만으로도 만족이 되는 사람들, 그러나 만들기만 한다고 해서 다 영어로 말할 수 있게 되지는 않는다는 점을 명심해야 한다.

사전 기능을 활용하라
앞에서 '사전 없이는 절대 말을 못하는 사람'은 영어 스피킹이 효과적으로 늘지 않는다고 말했다. 물론 '사전을 사용한 공부 방법'은 '인풋'에는 좋은 방법 중 하나다. 자신이 사용한 단어의 의미를 찾아 다양한 쓰임새를 알아간다거나, 새로운 단어를 찾아 이해해가면서 '아~ 그렇구나' 할 수 있기 때문이다. 이와 같은 방법으로 어휘를 늘려가다 보면 '보다 편리'하다는 것을 느낄 수 있다.

그러나 말을 할 때에는 "영어를 하다가 말이 막히면 사전을 사용하면 좋아! 최근에는 스마트폰에도 사전 기능이 들어 있어!"와 같은 조언은 위험하다. 어쩌면 한 손에 늘 사전을 들고 말할 때마다 사용하는 것이 한편으로는 편리해 보일 수도 있을 것이다. 하지만 사전 기능에 의존한 영어는 아무리 시간이 지나도 '영어로 말할 수 있어'란 자신감을 갖지 못하게 한다.

'말하기'에 있어서 '사전'은 정말 최후의 수단이라고 생각하는 것이 좋다. 실제 비즈니스 현장에서는 사전을 가지고 단어를 찾을 여유가 없다.

사전에 의존하는 태도는 버려야 한다. 지금 자신이 가지고 있는 능력만으로 뭔가를 말하려고 하는 정신자세가 되어야 한다. 그것만이 전혀 새로운 영어 감각을 몸에 익히게 할 수 있다. 이는 "이걸 어떡하지… 사전아, 도와줘!"에서 "어떻게 하면 할 수 있을까?" 하고 문제와 정면으로 맞서는 자세다. 이렇게 해야 문제 해결 능력이 커진다. 오로지 '말을 하겠다'에 집중하고, 사전 기능은 완전 봉인해보라.

패턴 문장을 암기하라

단어만 암기하는 것의 위험성은 조금 전에 설명했다. 그렇다면

"패턴 문장집을 사서 그것을 통째로 암기하면 돼"라는 조언은 어떨까? 단어만이 아닌 문장으로 외우면 '이 단어가 어떻게 쓰였는지를 알 수 있다'라는 의미에서는 좋은 방법 같아 보인다.

그러나 이것도 '말하기' 능력을 한 단계 더 키우는 데는 족쇄가 되는 조언이다. 그것은 **"어~ 여기에 해당하는 문장을 외웠는데 기억이 안 나"** 하고 암기한 문장에만 집착하는 사람으로 만들기 때문이다. 사흘 전에 외운 문장을 술술 능수능란하게 말할 수 있는 사람이 과연 몇이나 될까?

몇 번이고 반복해야 겨우 기억에 남는데 **'언제 사용할지도 모르는 문장'**을 그저 외우기만 하는 것은 힘든 일이다. 더욱이 '암기'는 '이것이 정답'이라고 하는 의식을 낳게 만드는 주범으로, 더욱더 문장을 완벽하게 말해야 한다는 생각에 사로잡히게 만든다. 그 결과, 기억해내지 못하는 스스로를 책망하게 되고 자신감이 상실되는 악순환에 빠진다.

가장 큰 문제는 '수동적'이 되는 것이다. 영어를 하는 현장에서 순간적으로 뭔가를 말해야 할 때 진정으로 필요한 능력은 '스스로가 능동적으로 문장을 만들 수 있는 힘', 바로 그것이다.

문법은, 어쨌든 제일 먼저 마스터해야 한다

문법을 알면 영어를 하는 데 어느 정도는 편리하다. 게다가 그 문법을 완벽하게 이해한 상태라면 규칙에 따라 말하려는 영어 문장을 척척 만들어낼 수도 있다. 이런 연유로 영어로 말하기 공부를 시작할 때 제일 먼저 **"우선 문법이 약하니까, 문법을 완벽하게 해놓고 나서 말하기에 돌입하자!"** 하고 오로지 문법 공부에만 시간을 투자하는 사람들이 있다.

그러나 정말 그럴까? 확실히 문법을 잘 알면 편리하다. 그렇지만 문법을 '말하기'를 위한 열쇠라고 생각하고 공부해 나간다면? "정확하게 문법을 끝내고 나서!"라는 '인풋' 공부에 밤을 지새우는 것 역시 '영어 스피킹' 실력을 향상시키는 데 있어서 조금은 멀리 돌아가는 행위다.

문법은 어디까지나 '자연스럽게 이해되는 어순'에 불과하다. 문법만으로 **'응용하는 힘'**이 생기지는 않는다. **'단어를 조합해 문장을 만드는 아웃풋 능력'**이 없다면 돼지 목의 진주에 지나지 않는다.

필자는 매번 영어 회화에서 문법은 중학교 수준 정도라면 굳이 필사적으로 더 공부하지 않아도 된다고 말한다. 이 말이 떨어지기가 무섭게 반드시 "전 중학교 수준도 안 되거든요!" 하고 말하는 학생이 나온다. 그렇지만 이야기를 해보면 분명 그들은 '중학교 수준의 문법 실력'을 갖추고 있었다.

이유는 알 수 없지만 많은 사람들이 '자신에게는 실력이 없다'고 믿어 의심치 않는다. 예를 들어 다음 문장이 이해되는지 읽어보라.

I have a pen.

Is he OK?

Where do you want to go?

She can't go swimming.

이것이 이해된다면 당신은 중학교 수준의 문법 실력을 가지고 있는 것이다. 그 이상의 문법은 영어 회화를 해가는 과정에서 필요성이 느껴졌을 때 비로소 인풋해도 된다.

영화는 자막 없이 봐야 한다

"영어를 공부해서 뭘 하고 싶으신가요?" 하고 수강생들에게 물어보면 "외국 영화나 드라마를 자막 없이 보고 싶어요"라는 답을 들을 때가 있다. 그때마다 **나는 '참으로 높은 목표를 가지고 있구나~'** 하는 생각을 한다. 처음으로 등산을 하는 사람에게 "어디를 목표로 하시나요?"라고 물었을 때 "네, 무조건 에베레스트죠"라고 대답하는 것과 같은 상황이다.

영화나 드라마의 대화는 말 속도가 굉장히 빠르다. 단어 하나를 놓치면 스토리 전개가 엉망이 되어 이해가 되지 않을 때도 많다. 따라서 **이것을 이해하려면 굉장히 높은 수준의 영어 실력이 필요하다.**

그럼에도 많은 영어책이 "우선 집중하면 영어가 조금씩 들리니 자막 없이 영화를 계속해서 보세요"라고 조언하고 있다.

나도 처음에는 그 조언대로, 자막 없이 영화를 계속 본 적이 있었다. 그러나 한 장면의 대화를 놓치자 스토리 전체가 뒤죽박죽이 되었다. 이야기의 전개가 이해도 안 되고, 주인공이 던진 한마디로 갑자기 상황이 이상하게 변하기도 하고, 뭐가 뭔지 도저히 알 수 없는 상태가 되어버렸다. 결과적으로 '영어 포기'라고 하는 절망에 빠진 경험이 있었다.

생각해보면, **영화나 드라마는 반전을 위해 비틀고 꼬아 만든다.** '미리 앞서 이런 느낌일 기야~' 하고 예측이 가는 일상회화와는 다르게 전개된다. 이런 재미가 있기 때문에 영화나 드라마를 즐기는 게 당연하다면 당연한 일이겠지만…. 그렇더라도

"영어가 좋아! 어떻게든 이해하고 말 테다!" 하는 욕구가 강한 사람이 외화 자체를 즐기면서 계속 보게 된다면 목표를 달성할 수도 있을 것이다.

그러나 이 방법이 고통스럽다면 다른 공부 방법을 모색해볼 필요가 있다.

내가 원하는 '이상적인 공부'의 조건은 '재미있다'라는 생각이 들어야 하는 것이다. 기업 세미나 등에서 내가 늘 하는 말이 있다. 그것은 **"웃을 수 없다면 공부하지 마라"**다.

자막 없이 보는 외국 영화나 드라마 자체가 '재미있다'면 그 방법을 '잘 활용해' 공부해도 좋다. 단 **"처음부터 자막 없이 보라"는 권유는 하고 싶지 않다.** 그것보다 우선은 우리말 자막으로 보고 이야기의 흐름을 파악한 후에, 영어 자막을 보는 순서를 권하고 싶다. 혹은 우리말 더빙에서 영어 자막을 통해 다시 보는 것도 좋다.

여기서 의식해야 할 것은 **우리말 번역과 영어와의 차이**다. "어~ 뭐야, 이 차이는?" 하고 놀랄 정도로 공부가 될 것이다. 실제 말하는 영어가 내가 상상했던 것과 완전히 다름을 체감할 수 있는가가 외화로 영어를 공부하는 참맛이다.

우리말 번역이 이렇다면 이에 해당하는 다른 영어 표현은 없을까 하고 생각할 수 있지 않을까? 이런 여러 생각들이 섞이다 보면 좋은 공부가 될 것이다.

영어는 영어로 생각하라

영어로 말을 하지 못하는 이유로 "영어를 영어로 생각하지 않기 때문이다"라고 하는 논리가 있다. 그러면서 "아무리 해도 우리말이 먼저 생각난다"고 자책하는 학생들이 많다. "아오키 선생님은 영어로 영어를 생각하시죠!"라고 부러운 눈으로 나를 보는데 실은 나는 자신이 영어를 영어로 생각한다라는 의식을 해본 일이 없다.

내 감각은 영어로 말할 때, **머릿속에 들어온 영어가 있는 그대로 뇌에서 영상이 되는** 느낌이다. 그리고 **영상 속에서 주어와 동사를 취해 영어로 말한다.**

이것이 가능하게 되기까지 나는 영어로 생각하는 훈련을 얼마나 했을까? 그런데 그런 훈련을 한번도 해본 기억이 없다.

꽤 오랫동안 나는 말하려는 영어를 '우리말로 다시 한 번 명확히 하고' 그것을 영어로 변환해왔다. 이것이 어느 정도 시간이 지나자 저절로 영상으로 변환되었다. 이렇게 되고 나서는 오히려 사람들이 말하는 영어를 우리말로 바꾸는 데 시간이 더 걸리게 되었다(웃음).

지금에 와서 보면 처음부터 '영어는 무조건 영어로 생각한다'라고 기를 썼다면 분명 말을 못했을 거라고 생각한다. **우리말이라고 하는 제일 잘하는 언어 능력을 영어 말하기에 이용해보라.** '영어로 생각하지 않으면 말을 못한다'라는 생각을 버리고 '우선 하고 싶은 우리말을 자꾸자꾸 영어로 말해보는' 그 쾌감을 느껴보길 바란다.

05
CHAPTER

무엇이든
영어로 말해보자

이 장에서는 앞에서 설명한 전체의 내용을 총동원하여 영어로 말해야 하는 순간 바로 영어가 나올 수 있도록 그 프로세스를 예문을 통해 연습한다.

볕에 탔네!

여름휴가를 마치고 검게 타서 온 직장 동료에게 휴가가 어땠는지 물어보고 싶을 때 "어머? '햇볕에 탔네'를 영어로 어떻게 말하지?" 하고 멈칫하는 상황이다. 어떻게 영어로 표현하면 좋을까?

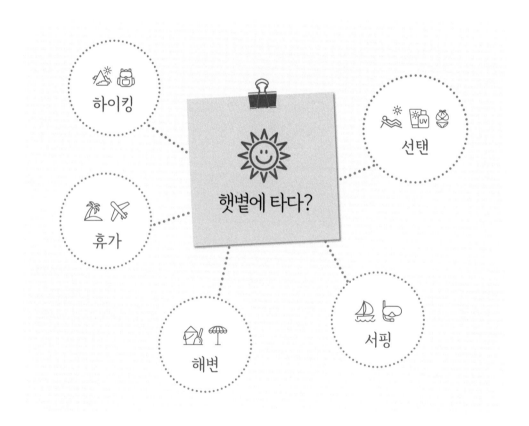

'볕에 타다'를 영어 사전에서 찾아보면 **tanning**이다. 피부가 빨개져서 아플 때는 **got sunburned**, 검게 타기만 하고 아프지 않을 때는 **got suntanned**로 탄 상태에 따라 표현이 다르다.

하지만 이 경우 '볕에 타다'란 단어를 쓰지 않더라도 '당신이 정말 하고 싶었던 말', 즉 핵심을 찾으면 의외의 표현으로 말할 수 있게 된다. 머릿속에서 '볕에 탔네'란 말을 건네려는 장면을 상상해보면서 동시에 '볕에 탔네'라는 말을 통해 내가 전하고 싶은 의미, 즉 핵심이 무엇인지에 집중한다.

볕에 탔네.
⋮
아주 딴 사람 같아.
여름휴가, 엄청 재미있었나 봐.

이런 느낌이 아닐까? 이렇게 '말하고 싶은 핵심'을 찾았다면 3마디 표현으로 영어를 말해본다. 우선 주어가 될 만한 단어 찾기. **your skin**(당신의 피부)을 주어로 한다면 '타다'란 동사를 알아야 문장이 가능하다. 단어를 모른다면 여기서는 **you**를 주어로 선택한다. 뒤에 올 동사로는 **enjoy**(즐기다) 혹은 **go**(가다) 등을 사용할 수 있다. 또는 그가 여름휴가를 가기 전과 돌아왔을 때 까맣게 그을린 얼굴로 다른 사람처럼 보였다면 **look different**를 동사로 사용해도 좋다.

You look different! Did you go to Hawaii?

너 보여, 다르게! 너 갔었니? 하와이에

You look like you enjoyed summer vacation!

너 ~처럼 보여, 네가 즐겼어, 여름휴가를

이렇게 말하고자 하는 진의를 파악해 영어를 한다면 굳이 '볕에 타다'라는 단어를 몰라도 '핵심'이 상대에게 전달되고 대화는 더욱 풍성해질 것이다. 그럼 여기서 2장에서 소개한 마법 상자의 공란을 하나씩 채워보자. 생각할 수 있는 모든 영어 표현을 적어보는 훈련이다.

다른 표현도 더 생각해서 써보자.

볕에 탔네!

Your skin got sunburned.
너의 피부가 볕에 탔네.

You look different!
Did you go to Hawaii?
너는 보여, 다르게! 너 갔었니, 하와이에

볕에 탔네!

You look like you
enjoyed summer vacation!
너 ~처럼 보여, 네가 즐겼어, 여름휴가를

You are browned
by the sun.
햇볕에 탔구나!

"볕에 탔네."

볕에 타다

달라진 피부

아주 딴 사람 같아.
하와이에 갔었니?

꼼수 영어 완성

You look different!
Did you go to
Hawaii?

볕에 타다

즐겁게 놀다

여름휴가,
엄청 재미있었나 봐!

꼼수 영어 완성

You look like you
enjoyed summer
vacatioin!

추석 연휴라
길이 혼잡하더라고

명절이 지난 다음 친구와 대화를 하면서 "추석이라 길이 혼잡하더라고"를 영어로 말하려는 상황이다.

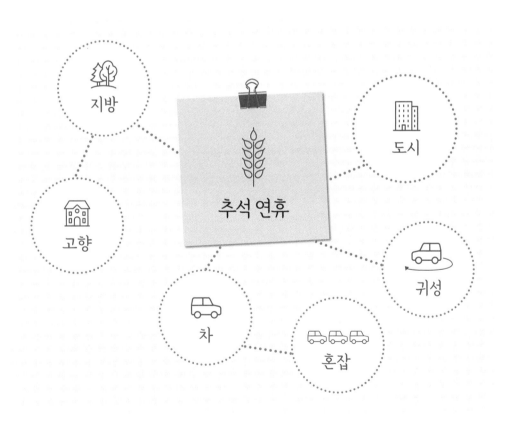

우선 머릿속으로 그려지는 이미지는 '모두가 돌아가려 하는 곳'이나 '도로에 차가 빽빽하게 줄지어 서 있는 모습'이다. 여기서부터 가능한 영어 표현을 떠올리며 동시에 '말하고 싶은 핵심'을 찾아 내가 할 수 있는 말로 바꿔서 표현해본다. '모두' ⋯ '모두가 돌아간다, 태어난 고향으로'/'차' ⋯ '차가 움직인다, 아주 천천히' 등을 가지고 문장을 만들어보자.

Everybody goes back to their hometown by car.
모두 귀성한다, 차로

Cars move very slowly since it's very crowded.
차들이 움직인다, 아주 천천히, 너무 막혀서

이렇게 '추석에 하는 일'과 '혼잡'을 두 개의 문장으로 표현할 수 있다. 그리고 문장의 마지막에 **in the season**(이 시기는)이라든가 그냥 **during Chuseok**(추석 연휴 동안) 등을 넣어주면 좋다.

다른 표현도 더 생각해서 써보자.

추석 연휴라
길이 혼잡하다.

**Cars move very slowly
since it's very crowded.**
차들이 움직인다, 아주 천천히, 너무 막혀서

**It will take forever if I go
by car in this season.**
걸릴 거야, 영원히, 내가 간다면, 차로,
이 시기에

추석 연휴라
길이 혼잡하다.

**There will be so much
traffic during Chuseok.**
심할 거다, 정체가, 추석 연휴 동안에

**Everybody goes back
to their hometown by car.**
모두 귀성한다, 차로

143

"추석 연휴라 길이 혼잡해."

💡 꼼수 트릭 A

추석 연휴?

⬇

모두 고향으로
돌아간다

⬇

모두 차로 귀성해.

꼼수 영어 완성

Everybody goes back to their hometown by car.

💡 꼼수 트릭 B

혼잡?

⬇

도로에
꽉 막혀 있는 차

⬇

너무 막혀서
차가 아주 천천히 움직여.

꼼수 영어 완성

Cars move very slowly since it's very crowded.

똑바로 해!

'이번에 새로 들어온 신입사원이 어리벙벙해하고 있다. 좀 더 똑바로 해주었으면 좋겠는데!' 이 생각을 영어로 말하려 한다. 어떻게 하면 좋을까? 첫마디부터 "똑바로 해"인데 동사로 시작해야 할까? 구체적으로 상황을 떠올려보자.

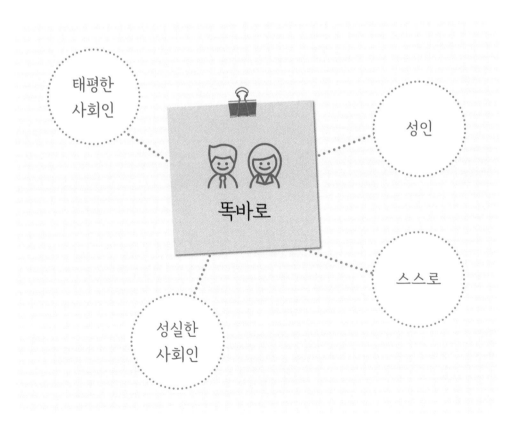

학생 기분을 아직 벗지 못하는 신입사원에게 "똑바로 해!"를 영어로 말하려 한다. 그런데 '똑바로 하다'를 영어로 옮기기가 쉽지가 않다. 이때도 '똑바로 하지 못하는 사람'을 머릿속으로 그려본다. 이미지 속에 있는 '이런 똑바로 하지 못하는 사람이 되어서는 안 된다'고 말해 "똑바로 해"를 전하는 것이 가능하다.

예를 들어 '똑바로 하지 못하는 사람'이란 '아이처럼 구는 사람'이거나 '스스로 생각하지 못하는 사람'일 것이다. 이런 우리말을 영어 문장식으로 바꿔본다.

똑바로 해!

⋮

아니야, 아이가, 더 이상

⋮

You are not a child anymore.

제대로 해!

⋮

스스로 생각해봐.

⋮

Use your brain.

써, 너의 머리를

나아가 이런 조금은 세련된 영어 표현도 가능할 것이다.

You already know
what is right, don't you?

너 이미 알지, 뭐가 맞는지, 그렇지?

"똑바로 해!"라는 말속에 포함되어 있는 '내가 정말 전하고 싶은 핵심'에 최대한 주의를 기울인다.

다른 표현도 더 생각해서 써보자.

똑바로 해!

Use your brain.
써, 너의 머리를

Act like an adult.
행동해, 어른처럼

똑바로 해!

You already know what is right, don't you?
너 이미 알지, 뭐가 맞는지, 그렇지

You are not a child anymore.
너는 아니야, 아이가, 더 이상

"똑바로 해!"

💡 꼼수 트릭 A	💡 꼼수 트릭 B
똑바로?	똑바로?
⬇	⬇
똑바로 하지 못하는 사람	똑바로 하는 사람
⬇	⬇
아이처럼 구는 사람	스스로 생각하는 사람
⬇	⬇
너는 이제 아이가 아니야!	머리를 쓰라고.

꼼수 영어 완성

You are not a child anymore.

꼼수 영어 완성

Use your brain.

베테랑이군요

회사에 있는 베테랑 선배에게 일을 배우고 있다. "와, 감사해요. ○○ 선배, 정말 베테랑이세요." 이를 영어로 말하려 하는데 '어라, 베테랑이 영어로 뭐지?' 하고 멈칫하게 되었을 때, 어떻게 표현할 수 있을까?

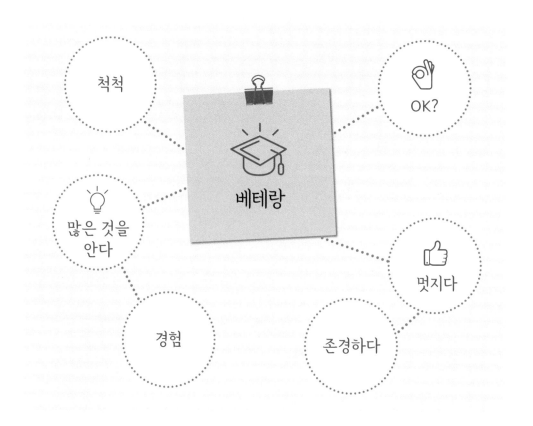

'베테랑' 자체도 영어다. 이것만으로도 상대에게 충분히 의미를 전할 수 있다. 그러나 발음에 신경이 쓰이거나, 이거 영어 맞아 하는 의문이 들 경우, 이런 것들을 다른 어떤 사고와 방법으로 영어로 표현할 수 있을까 생각해보자. 회화에서는 순발력 있는 대처가 중요하다.

그럼 '베테랑'인 상대를 관찰해보자. **왜 그녀를 '베테랑'이라고 하는 걸까?** '베테랑인 사람'을 상상해본다. 이러지 않을까?

많은 경험을 가지고 있다.
모든 것을 잘 알고 있다.

여기서 어순을 주어 + 동사 + 그 이외로 하여 문장을 만들어보자.

You have a lot of experience.
당신은 가지고 있다, 많은 경험을

You know everything!

당신은 알고 있다, 모든 것을!

혹은 '너'가 아닌 다른 시점의 주어로도 말을 만들 수 있다. 예를 들어 당신을 베테랑이라고 말하는 나 시점으로 문장을 만들어보자. 나에게 있어 당신은 '베테랑!', 즉 멋진 사람으로 존경하는 인물이 된다.

I respect you.

나는 존경한다, 당신을

또 제3의 시점으로는 '베테랑 ⋯▸ 의지가 된다'로 연관 지어 생각할 수 있다.

Everybody is counting on you.

모두는, 의지하고 있다, 당신을

다른 표현도 더 생각해서 써보자.

베테랑이군요.

I respect you.
나는 존경한다, 당신을

You know everything!
당신은 알고 있다, 모든 것을

베테랑이군요.

Everybody is counting on you.
모두는, 의지하고 있다, 당신을

You have a lot of experience.
당신을 가지고 있다, 많은 경험을

"베테랑이군요."

💡 꼼수 트릭 A

베테랑?

⬇

경험이 많다

⬇

많은 경험이 있군요!

꼼수 영어 완성

You have a lot of experience.

💡 꼼수 트릭 B

베테랑?

⬇

멋진 사람

⬇

나는 당신을 존경해요!

꼼수 영어 완성

I respect you.

역할을 끝내다

연수 내내 앞으로 혼자서도 충분히 제 역할을 할 수 있도록 신입사원을 훈련시켰다. 마지막 날, "자, 내 역할은 여기까지. 앞으로는 자네 혼자서 열심히 할 차례야"라고 격려를 해주고 싶은데 '역할이 끝나다'를 당신이라면 어떻게 영어로 말하겠는가? '역할?' 걱정하지 말고 그 상황을 머릿속으로 이미지화해보자.

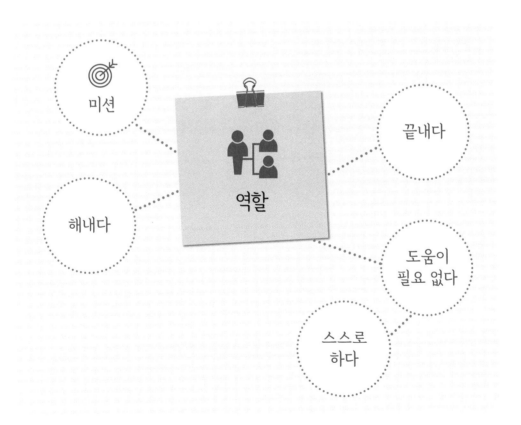

미션

끝내다

해내다

역할

도움이
필요 없다

스스로
하다

지금까지 신입사원들을 지원하고 돕던 내 일을 끝마치고 이제부터는 각자 혼자서도 잘해 나가도록 했다, 즉 역할을 끝낸 상황을 이미지로 그려보면 '우리말 ⋯➔ 꼼수말'로 풀 수 있다.

우선 생각할 수 있는 주어는 '당신(신입사원)', 너는 앞으로 혼자서도 충분히 할 수 있다란 말을 영어로 해보자.

You can survive without me from now on.

당신은 살아남을 수 있다, 나 없이도, 이제부터는

You don't need me anymore.

당신은 필요로 하지 않는다, 나를, 더 이상

또는 주어를 '나'로 하면 이렇게 말해도 좋지 않을까?

I've done my part.(my job)

나는 끝냈다, 나의 파트를(나의 일을)

아니면 '나의 미션'을 주어로 하면 어떨까?

My mission is finished.
My mission is all done.

나의 미션은, 모두 끝났다

My mission is all done.
나의 미션은, 모두 끝났다

I've done my part.
나는 끝냈다, 나의 파트를

역할을
끝내다.

**You can survive
without me from now on.**
당신은 살아남을 수 있다, 나 없이도, 이제부터는

**You don't need me
anymore.**
당신은 필요로 하지 않는다, 나를, 더 이상

그 외! I've done my job.

"내 역할은 끝났어."

나 ⋯▸ 당신

혼자서 해내다

당신은 이제부터 나 없이도
살아남을 수 있어요.

You can survive without me from now on.

내 역할?

미션

내 미션은
모두 끝났어요.

My mission is all done.

꼼수 레벨 테스트

우리말을 꼼수 트릭을 사용하여 영어로 바꿔보자!
이때 직역은 No! 의미만 전달되면 OK!

1 볕에 탔네.

⋯▸ _____

2 추석 연휴라 길이 혼잡해.

⋯▸ _____

3 똑바로 해!

⋯▸ _____

4 베테랑이군요.

⋯▸ _____

5 내 역할은 끝났어.

⋯▸ _____

질문은
사양 말고

"질문이 있으면 사양 말고 하세요." 영어 프레젠테이션이나 회의 중에 자주 쓰는 표현이다. 이렇게 '자주 사용하는 표현'은 통째로 암기해두는 것도 방법이겠지만 깜박 잊었거나, 바로 입으로 나오지 않을 때, 당황하게 된다. 이때를 위해 바꿔서 말하는 훈련이 필요하다.

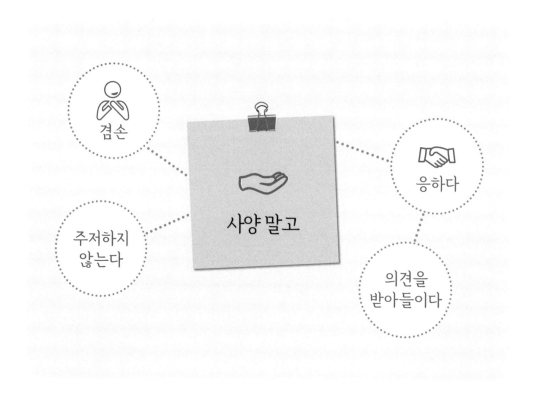

'질문이 있다면'의 **If you have** (any) **questions**으로 영어를 시작했지만 뒤이어 올 '사양 말고 해주세요'가 생각나지 않아 당혹스러울 때, 앞에서 연습한 대로 이미지를 머릿속으로 그린다.

먼저 '당신'을 주어로 해보자.

You are welcome to ask.

당신은 환영입니다, 질문하는 것이

'나'를 주어로 하면 어떨까?

I am happy to answer.

나는 기쁘다, 답하는 것이

이렇게 간단한 말로 '사양 말고'란 의미를 전달할 수 있다. 좀 더 세련되게 '(질문이 있다면) 알려주세요'라는 말도 있다.

Please let me know.

물론 정식으로 **Do not hesitate to** ～를 써서 '사양하지 마시고(주저 말고) ～해주세요'라고 할 수도 있다. 이 구문을 이미 알고 있었다면 다음과 같이 말하자.

Please do not hesitate to ask.
주저 마세요, 질문하는 것을

다른 표현도 더 생각해서 써보자.

질문은
주저 말고
해주세요.

If you have (any) questions, you are welcome to ask.
만약 당신이 있다면, (어떤) 질문이든,
당신은 환영입니다, 묻는 것이

If you have (any) questions, please do not hesitate to ask.
만약 당신이 있다면, (어떤) 질문이든,
주저 마세요, 질문하는 것을

질문은
주저 말고
해주세요.

If you have (any) questions, I'm happy to answer.
만약 당신이 있다면, (어떤) 질문이든,
나는 기쁘다, 답하는 것이

If you have (any) questions, please let me know.
만약 당신이 있다면, (어떤) 질문이든,
해주다, 내가 알게

"질문이 있으면
사양 말고 하세요."

💡 꼼수 트릭 A

사양?

주저하다

주저하지 말고
질문해주세요.

꼼수 영어 완성

Please do not
hesitate to ask.

💡 꼼수 트릭 B

사양 말고?

기쁘게 받아들이다

나는 기쁘게
답하겠습니다.

꼼수 영어 완성

I am happy to
answer.

다양한 상품이 풍부

"당사는 다양한 상품이 풍부하다는 것이 특징입니다." 이것을 영어로 말해보라고 하면 얼버무리는 사람들이 많을 것이다. 먼저 '풍부하다'가 동사일까, 아니지 '가지고 있다'를 동사로 해서 '풍부한 상품을 갖추고'라고 한다면? '상품을 갖추고'가 영어로 뭐지? 역시 '단어력'이 있느냐 없느냐가 승부를 판가름하는구나! 이런 쓸데없는 생각은 집어치우고 머릿속으로 정확하게 이 상황을 이미지로 그려본다.

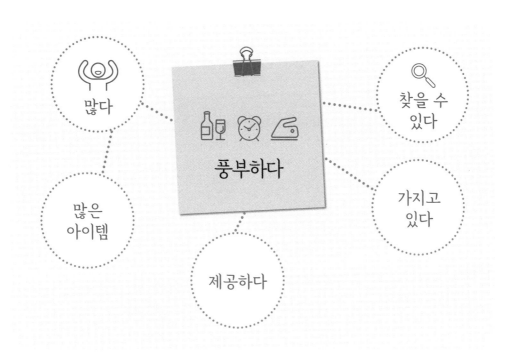

우선은 말하고자 하는 '핵심'을 찾아야 한다. 어려운 우리 말은 풀어서 이미지를 떠올린다. 그 이미지 속에서 주어 가 될 만한 것을 찾아보자. 손님인 '당신'이 떠오른다면 이렇게 표현할 수 있지 않을까?

You can find whatever you want.
당신은 찾을 수 있다, 무엇이든, 당신이 원하는

이미지 속에 '우리'가 있다면 어떨까?

We have everything.
우리는, 가지고 있다, 모든 것을

혹은 '우리 회사'를 주어로 생각할 수도 있다.

Our company has many items.

우리 회사는 가지고 있다, 많은 아이템을

이것들을 토대로 수준을 조금 높여보자.

We provide everything you need.

우리는 제공할 수 있다, 모든 것을, 당신이 필요로 하는

We are confident that we can provide anything you need.

우리는 자신이 있다, 우리들이 제공할 수 있다, 어떤 것이든, 당신이 필요로 하는

당신의 머릿속 창고에서 영어로 말하기 쉬운 단어들을 끄집어내는 연습을 하면 놀라울 정도로 다양한 표현이 가능해진다.

다른 표현도 더 생각해서 써보자.

다양한
상품이 풍부

Our strength is our large selection of products.
우리의 강점은, 이다,
우리의 선택 가능한 다양한 제품들

You can find whatever you want.
당신은 찾을 수 있다, 무엇이든,
당신이 원하는

**다양한
상품이 풍부**

Our company has many items.
우리 회사는 가지고 있다, 많은 아이템을

Our strength is providing many kinds of products.
우리의 강점은 제공하는 것이다, 많은 종류의 상품을

"다양한 상품이 풍부합니다."

💡 꼼수 트릭 A

풍부?

아이템이 많다

우리 회사는 많은 아이템
을 가지고 있어요.

꼼수 영어 완성

Our company has many items.

💡 꼼수 트릭 B

풍부?

원하는 것을 제공하다

우리는 당신이 필요로 하는
모든 것을 제공할 수 있어요.

꼼수 영어 완성

We provide everything you need.

직거래할 수 있나요?

"대리점을 통하지 않고 별도의 루트로 상품을 도매로 받을 수 있을까요?" 비즈니스 현장에서 이렇게 말하고 싶을 때 '별도의 루트?' '도매?'라는 단어 때문에 고민한 적이 있을 것이다. 어떤 식으로 이미지를 확장해가면 좋을까?

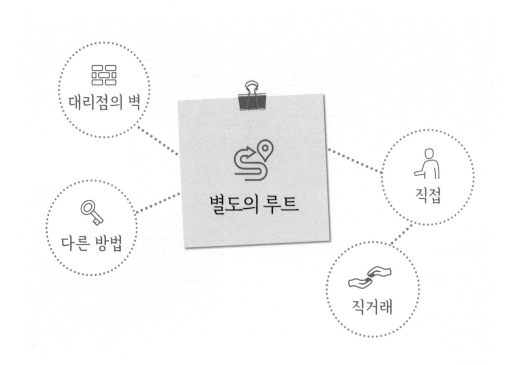

대리점의 벽

다른 방법

별도의 루트

직접

직거래

'전하려는 말'의 핵심을 이미지로 그린다면 앞 페이지의 일러스트와 같은 느낌이 아닐까? 그리고 '대리점을 통하지 않고 별도 루트'란 즉 **'직거래'**란 의미로 받아들일 수 있다. '우리들'을 주어로 한다면 ⋯▸ '계약하다, 직접'이 된다.

Can we make a contract directly?

우리들은 할 수 있습니까, 계약을 직접

'나'를 주어로 한다면 ⋯▸ '사다, 우리들(직접)'이 된다.

Can I buy from you directly without using a distributor?

나는 살 수 있습니까, 당신에게서 직접, 대리점의 사용 없이

또는 '나'라는 주어가 원하는 것을 직접 표현할 수도 있다. '나'를 주어로 해서 ⋯▸ '얻고 싶다'라고 하면 된다. 그 이외 부분은 '대리점이 아닌 당신으로부터'라고 하면 앞에서 사용한 **directly** 를 쓰지 않고도 영어로 말할 수 있다.

I want to get the goods from you, not an agency.

나는 얻고 싶다, 물건을, 당신에게서, 대리점에서가 아닌

다른 표현도 더 생각해서 써보자.

직거래할 수
있나요?

I want to get the goods
from you, not an agency.
나는 얻고 싶다, 물건을, 당신에게서,
대리점에서가 아닌

**직거래할 수
있나요?**

Can we make a
contract directly?
우리들은 할 수 있습니까, 계약을 직접

Is it possible for us
to work together
without an agency?
그것은 가능할까요, 우리들에게, 일하는 것이, 함께,
대리점 없이

Can I buy from you
directly without using
a distributor?
나는 살 수 있습니까, 당신에게서 직접,
대리점의 사용 없이

그 외! Is it possible to not use an agency?

I'd be happy if I could get the goods from you, not an agency.

173

"별도의 루트로
상품을 직거래할 수 있을까요?"

💡꼼수 트릭 A

별도의 루트?

직거래

우리가 계약을
직접 할 수 있나요?

꼼수 영어 완성

Can we make a
contract directly?

💡꼼수 트릭 B

대리점을 통하지 않고?

당신에게서 얻다

나는 물건을 대리점에서가
아닌 당신에게서 얻고 싶어요.

꼼수 영어 완성

I want to get the
goods from you,
not an agency.

신입사원을 고용하다

"신입사원을 고용하다." 이런 말에는 얼마나 다양한 표현이 존재할까?
실제 사원을 고용하고 있는 장면과 사원이 입사했을 때의 장면을 각각
떠올려보면 영어가 쉬워진다.

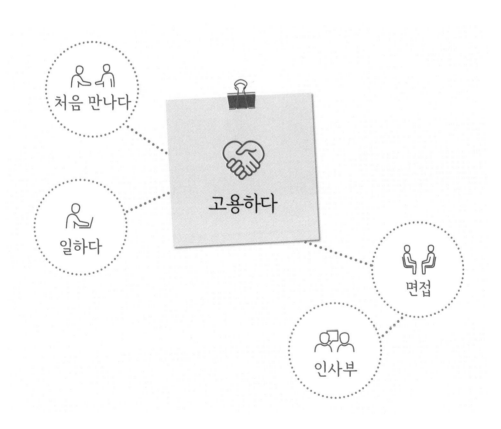

이번 주제는 '**고용 장면**'과 '**신입사원 입사 장면**'을 이미
지로 그려보면 영어가 쉬워진다. 예를 들어 '고용 장면'
의 이미지에서 '면접을 보고 있다'는 주체는 '인사부'. 따
라서 '인사부'를 주어로 했을 때 '하다'란 동사를 취하면
된다.

Human resources will do job interviews this year.

인사부는 할 것이다, 면접을, 올해

혹은 '신입사원 입사 장면'의 이미지라면 첫 출근한 '신
입사원'과 그들을 맞이하는 '우리(직장 사람들)'가 그려진
다. 이때 '우리'를 주어로 한다면 '고용하다'란 동사 외에
도 '함께 일하다'라는 동사를 사용할 수 있다.

We will be working together with some new people.

우리는 일할 것이다, 함께, 몇몇 새로운 사람과

신입사원이 자신들의 영역 안으로 들어왔다는 의미에서 have를 사용하면 어떨까?

We will have some new members on our team.

우리는 가질 것이다, 몇몇 새로운 멤버를, 우리의 팀에

'신입사원'을 주어로 할 수도 있다.

Some new people will join the company.

몇몇 새로운 사람이 합류할 것이다, 회사에

다양한 시점을 갖게 되면 할 수 있는 표현의 수도 그만큼 늘어난다.

다른 표현도 더 생각해서 써보자.

신입사원을
고용하다.

**Human resources will do
job interviews this year.**
인사부는 할 것이다, 면접을, 올해

**New employees
will be hired.**
새로운 사원들이 고용될 것이다

신입사원을
고용하다.

**We will be working
together with some
new people.**
우리는 일할 것이다, 함께, 몇몇 새로운 사람과

**Some new people
will join the company.**
몇몇 새로운 사람이 합류할 것이다, 회사에

"신입사원을 고용하다."

| 💡꼼수 트릭 A | 💡꼼수 트릭 B |

💡꼼수 트릭 A

고용?

면접을 봐서 뽑다

인사부는 올해
면접을 할 것이다.

꼼수 영어 완성

Human resources will do job interviews this year.

💡꼼수 트릭 B

신입사원?

새로운 사람

우리는 몇몇 새로운 사람과
함께 일할 것이다.

꼼수 영어 완성

We will be working together with some new people.

환불해드리겠습니다

발송한 상품에 불량이 발견되어 그 금액을 환불해주어야 한다. "환불해드리겠습니다." 어떤 영어 표현으로 말하면 좋을지 최대한 다양하게 생각해보자.

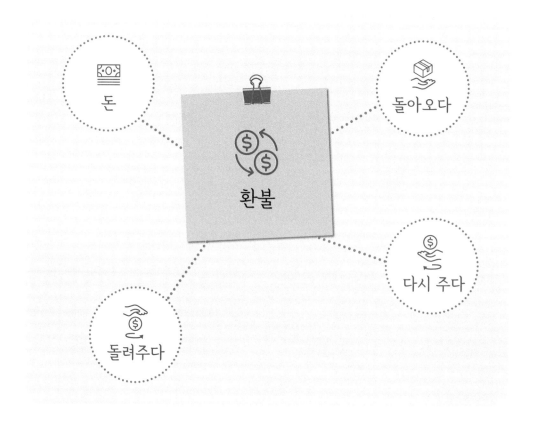

'환불하다'는 단어는 **refund**로 이 단어를 사용하여 바로 다음과 같이 말할 수 있다.

We will refund the money to your credit card.

우리는 환불할 것입니다, 돈을, 당신의 신용카드로

'환불하다'라는 단어를 알고 있었다면 이처럼 일반적인 표현이 가능하겠지만 **refund**가 생각나지 않는 경우라면 어떨까?

We will give you your money back.

우리는 줄 것이다, 당신에게, 당신의 돈을 다시

간단하지만 딱 그 말이지 않은가?

다시 같은 상황에서 이미지를 확장해보자. 상점 주인이 손님에게 돈을 돌려주는 상황이 떠올랐다면 그때 주어가 될 만한 것은 무엇일까? 거기에서는 '당신'과 '돈' 두 개의 주어를 찾을 수 있다.

먼저 '당신'을 주어로 했을 때 동사는 '받다'를 사용하자.

You will receive the money in your credit card account.

당신은 받을 것이다, 돈을, 당신의 신용카드 계좌로

또는 '돈'을 주어로 했을 때는 이렇게 된다.

The money will be returned to your credit card.

돈은 돌아올 것이다, 당신의 신용카드로

The money will go to your credit card.

돈은 갈 것이다, 당신의 신용카드로

우리나라 언어에서 같은 말을 여러 다른 표현으로 할수 있듯이 영어도 마찬가지다. 중요한 것은 커뮤니케이션이므로 당신의 말하고자 하는 의지에 따라 여러 표현이 가능해진다.

Your credit card will take the refund.
당신의 신용카드는 받을 것이다, 환불금을

We will refund the money to your credit card.
우리는 환불할 것입니다, 돈을,
당신의 신용카드로

환불해
드리겠습니다.

The money will go to your credit card.
돈은 갈 것이다, 당신의 신용카드로

You will receive the money in your credit card account.
당신은 받을 것이다, 돈을, 당신의 신용카드 계좌로

"환불해드리겠습니다."

💡꼼수 트릭 A

환불?

⬇

돈을 다시 돌려주다

⬇

당신에게 당신의 돈을 다시 줄게요.

꼼수 영어 완성

We will give you your money back.

💡꼼수 트릭 B

환불?

⬇

돈을 다시 받다

⬇

당신은 신용카드 계좌로 돈을 받을 거예요.

꼼수 영어 완성

You will receive the money in your credit card account.

꼼수 레벨 테스트

우리말을 꼼수 트릭을 사용하여 영어로 바꿔보자!
이때 직역은 No! 의미만 전달되면 OK!

1 질문이 있으면 사양 말고 하세요.

···▶

_____

2 다양한 상품이 풍부합니다.

···▶

_____

3 직거래할 수 있나요?

···▶

_____

4 신입사원을 고용하다.

···▶

_____

5 환불해드리겠습니다.

···▶

_____

주말은 예약이 차 있다

"주말에는 예약이 차 있습니다." 호텔에 예약 전화를 걸었더니 이런 대답을 들었다. 이 상황을 외국인 상사에게 보고하려는데 '차 있다가 영어로 뭐지?' 하고 멈칫하고 말았다. 자, 어떻게 할까?

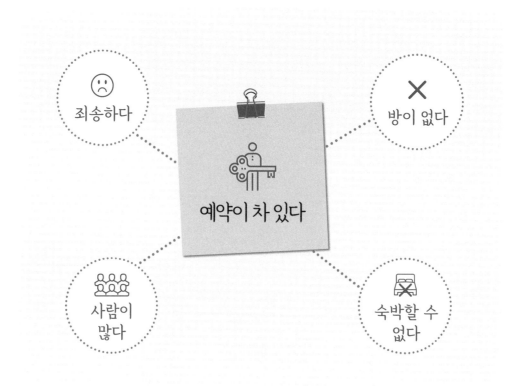

'예약이 차 있다'라는 말을 해야 할 경우 앞의 도표를 참고로 주어를 찾는다면 '숙박을 원하는 우리들'과 '받아들일 수 없는 호텔' 둘을 취할 수 있다. 우선 '우리들'을 주어로 한다면 '숙박할 수 없다'가 동사가 되지 않을까?

We can't stay at a hotel on the weekend since they are all booked.

우리들은 머물 수 없다, 호텔에, 주말은,
왜냐하면 그것들은 전부 예약되어 있다

또는 '호텔(그들)'을 주어로 한다면 '예약을 받을 수 없다'를 동사로 사용해 다음의 표현이 가능해진다.

They can't accept another reservation this weekend.

그들은 받을 수 없다, 다른 예약을, 이번 주말은

예약을 하려 할 때의 상대방의 답을 그대로 전하는 형태로도 말할 수 있다.

They said,
"No rooms this weekend."

그들은 말했다, '방이 없습니다, 이번 주말은'이라고

대부분의 비즈니스 영어 문장집에는 **Bookings are not available for the weekend.**로 나와 있다. 하지만 이 문장을 기억하지 못하더라도 이와 같이 이미지로부터 얼마든지 영어로 말할 수 있다는 것을 꼭 기억하길 바란다.

다른 표현도 더 생각해서 써보자.

주말은 예약이
차 있다.

They said,
"No rooms this weekend."
그들은 말했다,
'방이 없습니다, 이번 주말은'이라고

Bookings are not available
for the weekend.
예약은 가능하지 않다, 이번 주말은

주말은 예약이
차 있다.

They can't accept
another reservation
this weekend.
그들은 받을 수 없다, 다른 예약을, 이번 주말은

We can't stay at
a hotel on the weekend
since they are all booked.
우리들은 머물 수 없다, 호텔에, 주말은,
왜냐하면 그것들은 전부 예약되어 있다

그 외! There are no hotel rooms available for the weekend.

"주말은 예약이
차 있습니다."

예약이 차다?

다른 예약을 받을 수 없다

이번 주말은 다른 예약을
받을 수 없어요.

They can't accept another reservation this weekend.

예약이 차다?

방이 없다

그들은 '이번 주말에는 방이
없습니다'라고 했어요.

They said, "No rooms this weekend."

경쟁이
치열해진다

"이 시장은 앞으로 경쟁이 치열해질 것이다"라고 사내 회의에서 자신의 의견을 주장하고 싶을 때 '치열해지다'가 뭐지 하고 말이 막혔다면 당신의 머릿속에 주어가 '경쟁' 하나만이었기 때문일 것이다. 좀 더 이미지를 확장시켜보라.

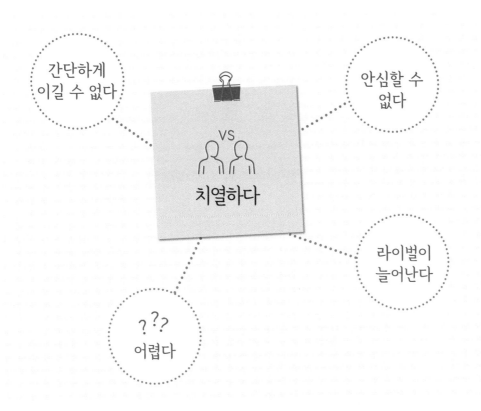

'경쟁이 치열해지다'라는 말을 하고 싶을 때 '경쟁'을 주어로 택했다면 '치열하다'란 단어를 영어로 모르면 말을 할 수 없다. 여기서 어른 말 버리기 학습법을 활용하여 '간단하게는 이길 수 없다'든지 '안심하고 있을 수 없다'와 같이 쉬운 말로 바꾸면 표현이 가능해진다.

It's been easy until now, but it's going to get more and more difficult.

그것은 간단했다, 지금까지는, 그러나 그것은 점점 어려워진다

이 표현이 짠하고 나오지 않을 경우라면 다시 '우리들'을 주어로 해 경쟁의 중심에서는 어떤 상황이 펼쳐지고 있는가를 상상해 표현하면 좀 더 쉬워진다. 예를 들어보겠다.

We will be under huge pressure in this market.

우리들은 있을 것이다, 큰 압박 아래에, 이 시장에서

또는 '경쟁 상대(라이벌)가 늘어난다'라는 것을 예측할 수 있다면 이런 표현도 가능하다.

We will have more and more rivals.

우리는 가질 것이다, 점점 더 많은 경쟁 상대를

'경쟁 상대'를 주어로 했을 때는 상대가 점점 '강해지고 있다'란 것을 표현함으로써 '경쟁이 치열해지는 느낌'을 나타낼 수도 있다.

Our rivals will get stronger and stronger.

우리의 경쟁 상대는 ~해질 것이다, 강하고 강해질

참고로 '경쟁이 치열해지다'는 Competition will be intense.로 단어 그대로를 사용해 말할 수도 있다.

It's been easy until now, but it's going to get more and more difficult.

그것은 간단했다, 지금까지는, 그러나 그것은 점점 어려워진다

Competition will be intense.

경쟁이 치열해질 것이다

경쟁이 치열해진다.

Competition will grow day by day.

경쟁이 커질 것이다, 날로날로

We will be under huge pressure in this market.

우리들은 있을 것이다, 큰 압박 아래에, 이 시장에서

"경쟁이 치열해집니다."

💡 꼼수 트릭 A

치열하다?

점점 어려워지다

지금까지는 간단했으나,
점점 어려워질 것입니다.

꼼수 영어 완성

It's been easy until now, but it's going to get more and more difficult.

💡 꼼수 트릭 B

치열하다?

경쟁 상대가 강해지다

우리의 경쟁 상대는
강하고 강해질 것입니다.

꼼수 영어 완성

Our rivals will get stronger and stronger.

새로운 사업 합병이 시작됩니다

"새로운 사업 합병이 시작됩니다." 사업 합병? 참 낯선 말이다. 이럴 때
는 결국에 무엇을 시작한다는 것인가에 주목해 생각해본다.

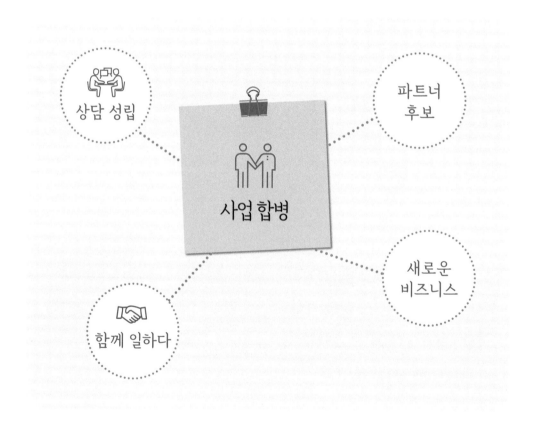

"새로운 사업 합병이 시작되었다"를 그대로 번역하면 다음과 같다.

A new business partnership will be launched.

그 이외에 '우리들'을 주어로 '함께 일하다'라는 표현을 할 수 있다.

We will work together with a new partner.

우리는 일할 것이다, 함께, 새로운 파트너와

We are going to start a new business with them.

우리는 시작할 것이다, 새로운 비즈니스를, 그들과

또는 '새로운 파트너가 될 회사'를 주어로 해서 '결정했다'란 동사를 쓸 수 있다는 생각은 떠올랐는가?

The new partner company was decided.

새로운 파트너가 될 회사가 결정되었다

이미지에서 '우리들'과 '파트너가 될 회사' 등을 주어로 선택할 수 있으면 '새로운 사업 합병'이라는 무생물주어는 필요 없게 된다. '단어를 모르면 표현할 수 없다'라는 관념에서 하루빨리 벗어나야 한다.

We're going to start a new business with them. 우리는 시작할 것이다, 새로운 비즈니스를, 그들과	**A new business partnership will be launched.** 새로운 사업 파트너십이 시작될 것이다
The new partner company was decided. 새로운 파트너가 될 회사가 결정되었다	**We will work together with a new partner.** 우리는 일할 것이다, 함께, 새로운 파트너와

새로운 사업 합병이 시작됩니다.

"새로운 사업 합병이 시작됩니다."

사업 합병?

함께 일하다

우리는 새로운 파트너와
함께 일할 것입니다.

꼼수 영어 완성

**We will work
together with a
new partner.**

사업 합병?

새 파트너 회사

새로운 파트너가 될
회사가 결정되었습니다.

꼼수 영어 완성

**The new partner
company was
decided.**

전화를
연결해드리겠습니다

이 회사에 입사한다면 영어를 써야 할 일은 없겠지 하고 안심했던 사람이 '국제화'의 물결을 가장 처음 느끼게 되는 순간이 '걸려온 전화가 영어일 때'다. 이때, 바로 "전화를 연결해드리겠습니다"라고 말할 수 있을까? 빨리 이미지를 펼쳐보자.

바로 패턴 문장집을 열어 "전화를 연결해드리겠습니다"
를 찾아보면 다음과 같다.

Let me put you through.

'연결'은 영어로 put ~ through다. 그 외 connect를 사
용해 연결이라고 하는 이미지를 전할 수도 있다.

I will connect you to her.
나는 연결할 것입니다, 당신을 그녀에게

하지만 이 말이 기억나지 않을 때는 우선 '확인하겠습
니다'만 해도 괜찮다.

I will check if she is at her desk.

나는 체크할 것입니다, 그녀가 있는지, 책상에

이 경우 주어는 '나'지만 주어와 짝을 이루는 동사가 무엇인지에 집중한다. 끝으로 "잠시 기다려주세요"를 붙여서 말하면 전화 상대도 안심할 것이다.

Please hold on one second.
(Just a moment.)

능숙하게 이 당혹스런 상황을 헤쳐 나가도록 여러 가지 상황을 그려보자.

다른 표현도 더 생각해서 써보자.

전화를
연결하다.

I will connect you to her.
나는 연결할 것입니다, 당신을 그녀에게

Let me put you through.
내가 연결하겠습니다, 당신을

전화를
연결하다.

**I will check if she is
at her desk.**
나는 체크할 것입니다, 그녀가 있는지, 책상에

**Please hold on one
second.** (Just a moment.)
잠시 기다려주세요

"전화를 연결해드리겠습니다."

💡꼼수 트릭 A

전화를 연결?

일단 확인이 필요

그녀가 책상에 있는지
확인해보겠습니다.

꼼수 영어 완성

I will check if she is at her desk.

💡꼼수 트릭 B

전화를 연결?

시간이 걸리다

잠시 기다려주세요.

꼼수 영어 완성

Please hold on one second.
(Just a moment.)

이번 주 형편은
어렵습니다

당신이 만일 사장 비서로 "사장님은 이번 주 형편이 힘들어요"라고 말
해야 하는 상황이라면 어떻게 표현할 수 있을까?

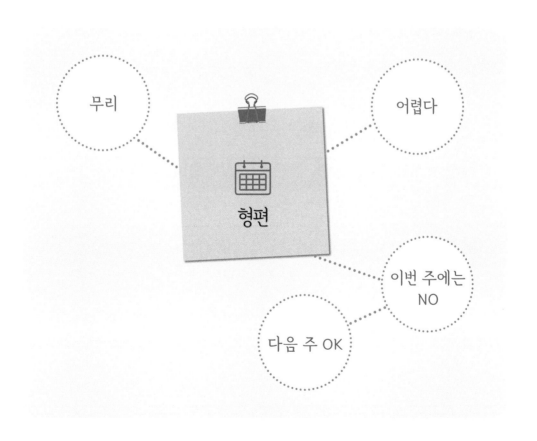

무리

어렵다

형편

이번 주에는
NO

다음 주 OK

"금주는 형편이 힘들어요"를 그대로 번역하면 어떻게
될까?

He is unavailable until
next week.

그러나 **unavailable**이 떠오르지 않을 경우, 즉 무엇을
말하려는 걸까라는 핵심을 정확히 인식했다면 "다음 주
는 괜찮다"라고 해도 될 것이다.

He will be OK next week.
그는 오케이일 것입니다, 다음 주는

He can meet you any day after
Sunday.
그는 만날 수 있다, 당신을, 일요일 이후라면 언제라도

이렇게 전달해도 좋을 것이다. 혹시 '다음 주 스케줄'을

주어로 하면 어떨까?

His schedule next week is free.

그의 스케줄, 다음 주, 자유입니다

또는 '당신'을 주어로 할 수도 있다.

You can make an appointment with him after this Sunday.

당신은 만들 수 있다, 그와 약속을, 일요일 이후라면

다른 표현도 더 생각해서 써보자.

이번 주
형편이 어렵다.

You can make an appointment with him after this Sunday.
당신은 만들 수 있다, 그와 약속을,
일요일 이후라면

He is unavailable until next week.
그는 형편이 어렵다, 다음 주까지

이번 주
형편이 어렵다.

His schedule next week is free.
그의 스케줄, 다음 주, 자유입니다

He will be OK next week.
그는 오케이일 것입니다, 다음 주는

그 외! He is free next week.

"이번 주 형편은 어렵습니다."

💡 꼼수 트릭

형편?

이번 주는 어렵다

다음 주는 괜찮다

그의 다음 주 스케줄은
자유입니다.

꼼수 영어 완성

His schedule
next week is free.

꼼수 레벨 테스트

우리말을 꼼수 트릭을 사용하여 영어로 바꿔보자!
이때 직역은 No! 의미만 전달되면 OK!

1 주말은 예약이 차 있습니다.

···▶
_____

2 경쟁이 치열해집니다.

···▶
_____

3 새로운 사업 합병이 시작됩니다.

···▶
_____

4 전화를 연결해드리겠습니다.

···▶
_____

5 이번 주 형편은 어렵습니다.

···▶
_____

그리워진다, 추억하다

노래방에서 흘러나오는 한 곡의 노래. 학창시절을 그립게 하는 곡이다. "이 노래 그리워진다!" 하고 탄성이 저절로 나왔다. 그런데 "**This song is**... 그리워진다?"가 뭐지?

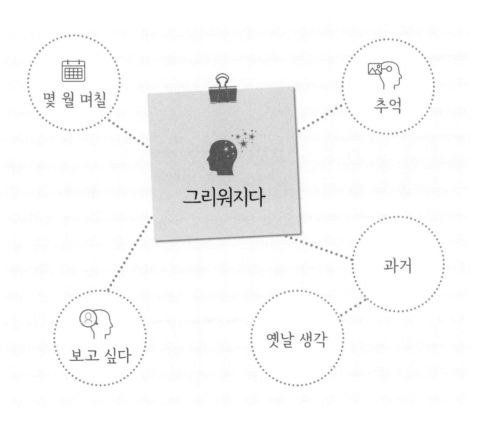

211

여러분의 머릿속 기억에서 '그립다'란 단어를 찾기 위해 우선 사전은 던져버리고 이미지를 그려보자. "이 곡, 그리워진다"를 말하고 싶을 때 전하려는 '핵심' 부분은 '자주 불렀다' 혹은 '많이 들었다'가 된다. 좀 더 구체적으로 말하면 '이 부분을 들으면 음이 기억난다~' 하는 정도가 아닐까?

이 이미지 안에서 주어를 찾아보자.

I was always singing this song.
나는 항상 불렀다, 이 곡을

This song brings me back to my childhood.
이 곡은 가져온다, 나에게, 다시, 어린 시절을

또는 예를 들어 봄이 올 때마다 생각난다면 이렇게 말할 수 있다.

When spring comes,
I remember this song.

봄이 오면, 나는 기억한다, 이 곡을

This song brings me back to my childhood.

이 곡은 가져온다, 나에게, 다시 어린 시절을

I was always singing this song.

나는 항상 불렀다, 이 곡을

그리워진다, 추억하다

This song reminds me of old memories.

이 곡은 생각나게 한다, 나에게, 옛 추억을

When spring comes, I remember this song.

봄이 오면, 나는 기억한다, 이 곡을

"이 노래 그리워진다!"

그리워진다?

과거에 부른 곡

나는 그 곡을
항상 불렀어!

꼼수 영어 완성

**I was always
singing this song.**

그리워진다?

봄이 오면 기억난다

나는 봄이 오면
이 곡이 기억나!

꼼수 영어 완성

**When spring
comes, I remember
this song.**

동창회에
나가다

지난 주말에 무엇을 했냐고 묻는 말에 "동창회에 나갔어"라고 대답하고 싶은 당신. '동창회'라는 영어 단어를 모르면 말하기 힘들지 않을까? 그렇다면 여러분은 동창회에 나가면 무엇을 하는가? 우리말을 떠나 생생하게 이미지를 그려본다.

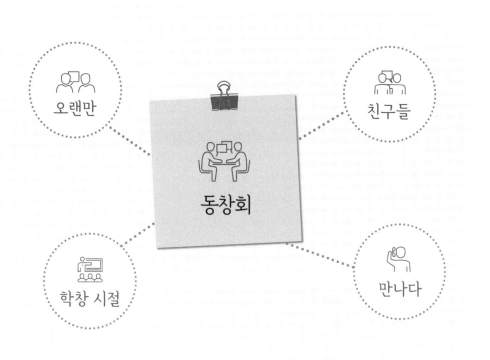

'동창회'라는 단어에의 집착을 버리고 실제로 동창회에서
무엇을 하는지를 생각한다. 동창회란 결국 오랜 친구들과
만난다, 파티를 한다가 아닐까(웃음)? 여기서는 '나'와 '○
○ 시절 친구'를 주어로 할 수 있다. '나'가 주어라면 뒤에
올 법한 동사는 '만나다'가 된다.

I met my friends from school.
나는 만났다, 내 학창 시절 친구들과

'동창회'니까 오랜 시간이라는 시간적인 분위기를 나타
내려 한다면 이 뒤에 덧붙이자.

It's been 30 years!
30년 만에!

혹은 '고교 시절의 친구'를 주어로 한다면 '파티를 열
다'가 동사로 붙어도 좋을 것 같다.

My high school friends had a party last week.

고교 시절의 친구들이 했다, 파티를, 지난주에

여기서도 동창회라는 분위기를 설명하기 위해 말을 더 해보자.

They changed a lot!

모두 변했다, 많이

이 말만으로 충분히 동창회가 설명되고 대화가 화기애애해진다.

다른 표현도 더 생각해서 써보자.

동창회에
나가다.

I had a high school reunion last week.
나는 있었다, 고등학교 동창회가, 지난주에

I went to see my old classmates last week.
나는 만나러 갔다, 옛 반 친구들을, 지난주에

동창회에
나가다.

My high school friends had a party last week. They changed a lot!
고교 시절의 친구들이 했다, 파티를,
지난주에, 모두가 변했다, 많이

I met my friends from school. It's been 30 years!
나는 만났다, 학창 시절 친구들과, 30년 만에!

218

"동창회에 나갔어."

동창회?

학창 시절 친구들을
만나는 자리

나는 학창 시절 친구들과
만났어!

꼼수 영어 완성

I met my friends from school.

동창회?

친구들과 파티

고교 시절 친구들이
지난주에 파티를 했어.

꼼수 영어 완성

My high school friends had a party last week.

디저트 배는 따로 있어요!

회사 회식 자리에서 이야기도 많이 했고 밥과 술도 너무 먹고 마셔서 슬슬 배가 불러와 이제는 더 이상 음식이 들어갈 배가 없다고 생각했던 찰나에 나온 디저트. 배가 빵빵하지만 '디저트네, 그래도 맛이라도 봐야지' 하고 스푼을 든 당신, 이런 경우가 자주 있을 것이다.

이럴 때 "디저트 배는 따로 있어요"를 영어로 어떻게 말하면 좋을지 이미지화해보자.

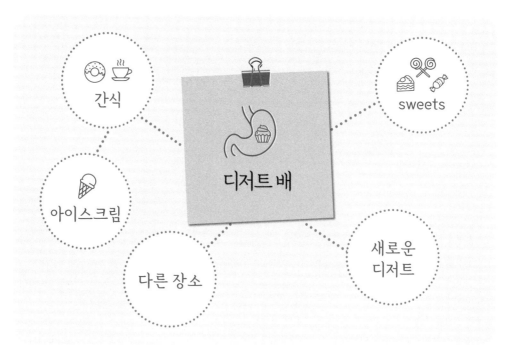

간식

sweets

아이스크림

디저트 배

다른 장소

새로운 디저트

제일 먼저 생각되는 주어는 '디저트' 혹은 '나'다. '디저트'를 주어로 했을 경우 '가다'란 동사를 사용해 어디로? … '다른 장소로'가 떠오른다면 다음 문장을 만들어보자.

Dessert goes in a different place.
디저트는 간다, 다른 장소로

나를 주어로 하면 이런 표현도 가능해진다.

I have room for dessert.
나는 가지고 있다, 디저트용의 장소를

'배가 부르다 … 그렇지만 먹었다 … 불가사의'와 같은 흐름에서 문장을 만들어보는 것도 방법이 된다.

I was full, but I can eat dessert.

나는 배부르다, 그러나 먹을 수 있다, 디저트를

What a mystery.

뭐지 이 미스터리는.

'배가 부르다'란 단어를 몰랐을 경우는 '더 이상 먹을 수 없다'라는 부정형으로 표현해도 좋다.

I can't eat anymore.

나는 먹을 수 없다, 더 이상은

But I can eat ice cream somehow.

그렇지만 나는 먹을 수 있다, 아이스크림을, 어떻게든

또는 디저트를 본 순간 배가 부르다는 사실을 까맣게 잊었다 식으로 말을 바꿔 하는 것도 좋은 생각이다.

I totally forgot I was full
when I saw the sweets.

나는 완전히 잊었다, 내가 배가 부르다는 것을, 내가 보는 순간, 디저트를

이렇게 다양한 각도에서 전하고 싶은 말을 바꿔서 표현해보자.

**Dessert goes in
a different place.**
디저트는 간다, 다른 장소로

**I was full, but I can eat
dessert. What a mystery.**
나는 배부르다, 그러나 먹을 수 있다,
디저트를, 뭐지 이 미스터리는

디저트는
다른 배.

**I can't eat anymore.
But I can eat ice cream
somehow.**
나는 먹을 수 없다, 더 이상은
그렇지만 나는 먹을 수 있다, 아이스크림을, 어떻게든

**I totally forgot I was full
when I saw the sweets.**
나는 완전히 잊었다, 내가 배가 부르다는 것을,
내가 보는 순간, 디저트를

"디저트 배는 따로 있어요!"

디저트 배?

배부르지만 디저트는 OK!

나는 배부르지만
디저트를 먹을 수 있어요.

I was full,
but I can eat dessert.

며칠이나 갑니까

"이거, 유효기간이 며칠인가요?" 여행지에서 지역 특산물을 사려 하는
데 이것이 며칠이나 보존이 될지 궁금한 상황을 상상해보자.

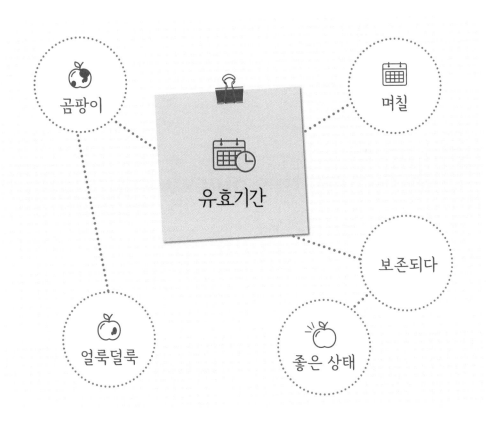

"이거, 며칠이나 가요?"라고 물어보고 싶을 때, 당신이 '알고 싶은 핵심 부분'은 어디에 있는가? "언제까지 먹을 수 있어요?" "언제까지 괜찮을까요?" 이런 것이 아닐까? '나'를 주어, '먹다'를 동사로 가져와 생각해보자.

Until when should I eat this?

언제까지 내가 먹어야 하나요, 이것을

이와 같은 문장을 만들 수 있다. 그러나 이 **until when** 을 사용해 만든 문장은 어순이 어렵다.

Should I eat this quickly?
Like tomorrow?

내가 먹어야 하나요, 이것을 바로, 내일이라도

이렇게 물어보는 것도 방법이겠다.

또는 '이것'을 주어로 해 묻는 방법도 있다. '~유지되다'라고 하는 의미의 **stay**를 사용해보자.

Does this stay good for a long time?

이것은 유지됩니까, 좋은 상태로, 오랫동안

혹은 아예 기간을 물어봐도 좋다.

How long does this stay fresh?

언제까지 이것은 유지되나요, 신선하게

다른 표현도 더 생각해서 써보자.

며칠이나
갑니까?

How long does this stay fresh?

언제까지 이것은 유지되나요, 신선하게

Should I eat this quickly? Like tomorrow?

내가 먹어야 하나요, 이것을 바로, 내일이라도

며칠이나
갑니까?

Does this stay good for a long time?

이것은 유지됩니까, 좋은 상태로, 오랫동안

Until when should I eat this?

언제까지 내가 먹어야 하나요, 이것을

"이거, 유효기간이 며칠인가요?"

💡 꼼수 트릭 A

유효기간?

먹어도 되는 기간

이것을 언제까지
내가 먹어야 하나요?

꼼수 영어 완성

Until when should I eat this?

💡 꼼수 트릭 B

유효기간?

유지기간

이것은 오랫동안
좋은 상태로 유지됩니까?

꼼수 영어 완성

Does this stay good for a long time?

침대특급으로
타고 싶다

여행 중에 바로 생각나지 않는 단어 퍼레이드. 예를 들면 침대가 있는
기차를 뜻하는 '침대특급' 단어가 바로 생각나지 않는다면 탑승 방법
을 물어보는 것도 힘들어진다. 이런 경험 다들 있지 않은가? 모르면 모
르는 대로 영어로 말하기를 시도해보자.

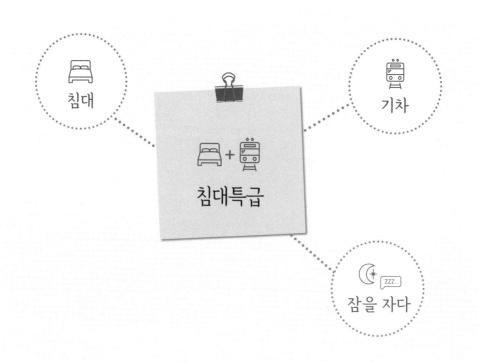

'침대특급'을 영어로 말해보려 생각하면… 음, 입이 떨어지질 않는다. 이럴 때는 차라리 **상대에게 퀴즈를 내어 상대가 가진 단어력을 구사해내도록 하는 것도 좋은 방법**이다.

What do you call a train that has beds?

뭐라고 당신은 부르나요, 기차를, 침대가 있는

What do you call ～ 로 말을 꺼냄으로써 상대는 '퀴즈인가?' 하고 답을 할 자세를 갖추게 된다. 또 다른 방법으로는 내가 말하고자 하는 단어를 간단하게 설명해보는 것이다. 이때는 '핵심' 부분을 정확히 말해주는 것이 중요하다.

I want to ride a train with a place to sleep.

나는 타고 싶다, 기차를, 잠을 잘 곳이 있는

I want to sleep in a train bed.

나는 자고 싶다, 기차 침대에서

머리에서 떠오른 이미지 속에 '침대' '자다'란 단어를 찾아내면 비교적 설명이 쉬워진다.

What do you call a train that has beds?

뭐라고 당신은 부르나요, 기차를, 침대가 있는

I want to ride a train with a place to sleep.

나는 타고 싶다, 기차를, 잠을 잘 곳이 있는

침대특급으로 타고 싶다.

It's a long-distance express. So, I need to sleep in a bed.

그것은 장거리 특급이다, 그래서 나는 필요가 있다, 잘, 침대에서

I want to sleep in a train bed.

나는 자고 싶다, 기차 침대에서

"침대특급으로 타고 싶어요."

침대특급?

침대가 있는 기차

침대가 있는 기차를
뭐라고 부르죠?

꼼수 영어 완성

What do you call a train that has beds?

침대특급?

잠을 잘 수 있는 기차

나는 잠을 잘 곳이 있는
기차를 타고 싶어요.

꼼수 영어 완성

I want to ride a train with a place to sleep.

꼼수 레벨 테스트

우리말을 꼼수 트릭을 사용하여 영어로 바꿔보자!
이때 직역은 No! 의미만 전달되면 OK!

1 이 노래 그리워진다!

···▸

2 동창회에 나갔어.

···▸

3 디저트 배는 따로 있어요!

···▸

4 이거, 유효기간이 며칠인가요?

···▸

5 침대특급으로 타고 싶어요.

···▸

사실 영어 실력은 문제가 되지 않는다

1. 그럼 중요한 것은 무엇인가?

H씨는 정말 아름다운 생각을 하는 따뜻한 분위기의 여성이다. 3년 전 가을, 그녀는 나에게 상담을 하러 왔다.

"영어가 아무리 해도 늘지가 않아요."

금방이라도 울 듯한 표정으로 호소하는 그녀를 보고 어떻게든 힘이 되어주고 싶은 생각에 나는 영어 프레젠 콘테스트에 출전할 것을 제안했다. '버리는 영어 스쿨'에서 주최하는 영어 프레젠 콘테스트는 자신의 체험을 주제로 10분 간 사람들 앞에서 프레젠테이션을 하는 것이다. 이를 준비하는 과정에서 모든 사고와 생각이 영어 뇌로 무장이 되고, 프레젠테이션을 하는 동안 사람들 앞에서 영어로 말하는 힘이 키워진다. 영어 때문에 절망했던 H씨였지만 의욕과 행동력에서는 누구보다 탁월했기에 두말 없이 "네, 잘 부탁드리겠습니다"라고 하며 맹렬히 발표를 준비하기 시작했다.

왜 그녀는 '영어가 늘질 않아요'라고 느꼈을까? 과거의 경험을 털어놓으면서 영어에 트라우마를 갖게 된 사건들이 하나둘씩 나오게 되었다. 사실 어느 정도 영어를 할 줄 아는 그녀는 오케스트라의 해외 연주자를 돕는 매니저 일을 했다. 연주자들은 대부분 큰 악기를 본인이 직접 가지고 이동한다. 그리고 연주자에게 있어 악기는 자신의 생명만큼이나 소중한 것이다.

리허설을 마치고 전차로 그들을 보내려 했을 때의 일이다. 목적지에 가장 빨리 도착하는 것은 급행이지만, 막 저녁 5시를 지나고 있어 전차는 본격적인 러시아워 타임으로 매우 복잡했다. '악기를 가지고 만원 전차에 오르게 하는 것은 무리겠지, 각 역에 정차하는 전차는 조금 시간은 걸리지만 앉을 수도 있고 악기도 안전하고…' 이렇게 생각한 H씨는 역마다 정차하는 전차로 안내했다. 그러자 유럽인 연주자가 이런 말을 했다.

"왜 이 전차를 타라고 하는 거죠? 급행도 있잖아요."

순간 당황한 H씨는 각 역 정차 열차를 안내한 이유를 설명하려 했으나 갑자기 말이 나오지 않았다. Because....

왜냐하면… 왜냐하면… 하고 뒤를 이을 수 없었던 것이다.

'급행이 뭐였지?' '만원 열차를 뭐라고 하지?' 아무 말도 못하는 H씨를 향해 그가 말했다.

"됐어요!"

그리고 그는 급행열차에 올라탔고 당황한 H씨도 그 뒤를 따랐다.

'나는 안내조차도 제대로 못하는 사람이구나….'

원래 남에 대한 배려심이 많은 착한 그녀는 이렇게 심한 자책에 빠져 이 사건 이후 자신감마저 잃었다.

우리는 이 사건을 바탕으로 먼저 '**실패의 원인**'과 '**어떻게 해야 이와 같은 일이 다시 일어나지 않도록 할 수 있을까?**'라는 두 가지를 착안점으로 프레젠테이션 원고를 만들었다.

그녀는 "급행도 정차를 한다는 사실은 알고 있지만 만원이라 혼잡하고 각 역 정차는 조금 시간은 지연되더라도 앉을 수 있어 편안하게 갈 수 있다"란 설명만 할 수 있었다면 분명 이렇게는 되지 않았을 거라고, 즉 '급행열차'와 '각 역 정차'란 단어만이라도 알았다면 해결되었을 거라고 생각하고 있었다.

그러나 **정말 그 두 단어만 알았다면 이 문제는 일어나지 않았을까?**

같은 일이 버스에서 일어났다면? 택시를 타지 않으면

안 될 이유가 있어 이것을 설명하려 할 때는? 실생활에서 영어를 사용해야 할 순간은 형편에 따라 여러 경우가 생길 수 있다. 외워도 외워도 모르는 표현이 계속 튀어나온다면 아무리 열심히 해도 자신감은 생기지 않는다.

이때 나의 조언은 **"실패의 원인은 지금 그에게 정말 했어야 할 말을 하지 못해서가 아닐까?"**다.

그의 기분이 되어 생각해보자. 그는 피곤하다. 빨리 돌아가고 싶다. 악기도 무겁다.

다음 열차는 급행으로 35분 출발인데 그녀는 이유는 알 수 없지만 40분 출발인 다음 차를 타라고 하고 있다. 그는 "Why?" 하고 이유를 물었지만, "Because..."란 말만 하고 갈팡질팡하는 그녀를 더 이상 참을 수가 없었던 것이다. 이때 바로 뭐라고 말했더라면, 그가 조금은 인내심을 가지고 그녀의 말을 계속 들어봐야겠다는 생각을 하게 되지 않았을까?

Don't worry.

걱정하지 마세요.

Trust me.

나를 믿으세요.

There is some reason.
Let me explain.

이유가 있어요. 설명하게 해주세요.

만일 그녀가 제일 먼저 이런 말을 했다면 문제는 일어나지 않았을 것이다. 내 말에 그녀는 "이 표현 정도라면 할 수 있었는데"라고 놀라는 표정을 지었다. 그리고 이렇게 말했다.

"영어를 해야 한다는 강박에 지나치게 사로잡혀 정말 중요한 것을 놓치고 말았네요."

그녀는 영어 프레젠테이션 원고를 만드는 과정에서 당시 자신의 감정을 털어버리고 앞으로 어떤 식으로 행동을 할지, 이와 같은 순간마다 무엇을 생각하며 편안한 안내자가 되도록 노력할지를 염두에 두고 혼신의 힘을 다해 10분 간의 프레젠테이션을 완성해냈다.

자신의 문제점이 영어가 아니었다는 사실을 깨달은 그녀는 '지금 내가 해야 할 일' '해야 할 말'에 의식을 모아 집중함으로써 많은 사람들로부터 신뢰를 얻게 되었다고 자신 있게 말한다. 참고로 그녀의 후일담이다.

1년 후, 다시 자신감을 얻고 진짜 해야 하는 일에 초점을 맞춘 그녀는 많은 신뢰를 얻어 한 번 더 매니저를 담당하게 되고, 앞 사건의 연주자로부터 이런 말을 듣게 되었다고 한다.

"내 전속 매니저가 되어줄래요?"

당신이 안고 있는 문제는 실은 영어가 아닐 가능성이 많다.

2. 영어로 말하는 것이 아닌 신뢰를 얻는 것이 목표

앤서니 로빈스(Anthony Robbins)는 저서《세계 NO 1. 카리스마 코치 앤서니 로빈스의 성공법칙-인생에 기적을 부르는 12가지 스텝》에서 이렇게 말했다.

인간 뇌의 기억 용량의 거대함에는 의문의 여지가 없다. 사실, 인간 뇌의 기억 용량을 컴퓨터의 하드 디스크에 비유한다면 12.5테라바이트에 상당한다고 한다. 이것은 400자 원고지로는 160억 장, 신문으로 환산하면 200만 년 분의 정보량이라고 한다. 하지만 저장되어 있는 장소에서 '기억'을 어떻게 불러내어 사용할까에 대한 이해가 없다면 이런 방대한 인간 뇌의 기억 용량도 무용지물에 불과하다. "자신의 뇌라는 데이터뱅크로부터 어떻게 원하는 정보를 끌어낼 수 있을까?"

"이것은 '질문'의 힘에 있다!" 순간순간마다 자신의 경험을 충분히 활용할 수 없었던 것은 기억력 때문이 아니라, 최대한 활용할 질문을 하지 않았기 때문이다.

그는 **인생을 바꾸고 싶다면 자기 자신에 대한 '질문을 바꿔야 한다'**고 말한다. 지금까지 '영어를 못해'라고 생각한 사람은 "왜 나는 영어를 못하는 걸까?" 하고 자신에게 질문을 던져본 적이 있을 것이다. 이와 같은 질문을 자신에게 계속해서 던지면 뇌라고 하는 거대한 용량의 데이터 뱅크는 '할 수 없었던 이유'들만을 당신에게 제시해줄 것이다.

내가 "영어를 잘하는 사람 못하는 사람의 큰 차이는 무엇인가?"라는 질문을 받는다면 "자신에 대한 질문"이라고 답하겠다. **'영어를 못하는 사람'**은 "**왜 나는 영어를 못하는 걸까?**"라는 질문만 계속하고 **'영어를 잘하는 사람'**은 "**어떻게 하면 하고 싶은 말을 영어로 전할 수 있을까?**"라는 질문을 한다.

지금부터 반드시 질문을 바꿔보자.

"어떻게 해야 하고 싶은 말을 상대에게 전할 수 있을까?"라고 질문을 바꾸기만 해도 당신의 영어 실력은 한

지금까지 해왔던 일은 우리들이 했던 '질문'에 따른 결과다. 따라서 성공해서 인생의 질을 바꾸고 싶다면 자신과 사람들에게 무엇을 물을까부터 바꿔야 한다.

단계 업그레이드된다. 이것만으로도 당신의 뇌는 풀가동되고, 지금까지 생각해왔던 그 이상으로 자신의 뇌에 저장되었던 것들이 깨어난다.

그러나 '그전에' 짚고 넘어가야 할 질문이 있다.

"어떻게 하면 상대의 신뢰를 얻을 수 있을까?"

이 질문을 자신에게 함으로써 상대를 먼저 생각하게 되고 필요한 정보, 전하려는 말이 눈앞에 떠오르게 된다.

그리고 이 질문을 스스로에게 하는 순간 **"정확한 영어만을 해야 해"라는 생각으로 상대방을 무작정 기다리게 했던 일들이 얼마나 넌센스였으며, 터무니 없는 짓이었는지를 깨닫게 된다.** 오케스트라 해외 연주자들의 매니저 일을 하는 H씨처럼 '상대의 시점에서' 영어를 구사한다면 그 이상의 것을 얻게 된다.

"나는 상대에게 신뢰를 얻을 만큼의 실력을 가지고 있어."

이런 확신이 있다면 상대를 눈앞에 두고 '나는 안 돼,

말을 못하겠어' 하며 좌절하고 있지만은 않고 '어떻게든 말을 해보자'라는 생각으로 가득 차게 된다. 중요한 것은 '자신에 대한 신뢰' 그리고 '자신감'이다.

'없다'가 아니라 '있다'를 전제로 도전하라. '자신에 대한 신뢰'만 갖는다면 도망치지 않고 영어로 말하고자 하는 말을 계속 이어갈 수 있다.

더불어 자신에게 이런 질문도 던져보라.

"어떻게 하면 영어로 커뮤니케이션 이상, 상대와의 신뢰관계를 쌓아갈 수 있을까?"

이 질문이 자신의 가능성의 문을 더욱 활짝 열어주리라 나는 확신한다.

'영어' 그 이상의 것을 알려주고 싶다는 생각으로 이 책을 썼다. 이 책은 '영어로 말하고 싶어 하는 사람'들을 위해 **"영어로 바로 표현하지 못하는 단어 버리기와 마법 상자를 활용한 영어 사고"**를 다양한 사례를 가지고 소개한다. 그러나 이런 영어 학습법 이상으로 이 책에는 감춰진 목표가 있다.

그것은 이 마법 상자를 가지고 학습법을 실천해가는 동안에 '당신 안에 있는 가능성'을 일깨워 '나도 할 수 있구나'라는 자신감을 얻게 된다면… 하는 것이었다(웃음).

이 책의 미션은 **"영어에 대한 자신감을 자신에 대한 자신감으로 바꿔서 빛나는 사람이 되는 것"**이다.

책을 쓰면서 영국에서 유학했던 때의 감정이 자주 떠올랐다. 내가 가지고 있는 가능성의 크기와 세상에는 많은 선택이 기다리고 있음을 알게 되었을 때 느꼈던 설렘들, 동시에 일본이 세상이 얼마나 작았는가 하는 충격에 싸여 있을 시기였다.

영국 유학을 가기 전, 나는 이대로 일본에서 '습관'이라고 하는 가장 편한 세계에 완전 푹 빠져 스스로를 함몰시킨다면, 어느 순간 나이는 들고 선택의 폭은 점점 좁아져만 갈 것이라는 생각에 매일매일이 초조했다. 주변은 "지겨워" "피곤해"라는 말들만 하고 나 또한 이에 동조해간다면, 자신이 작아지고 무기력해져갈 수밖에 없다. 그리고 그 수많았던 가능성들이 안개처럼 사라져갈 쯤에는 후회만이 몰려들 것이다.

좀 더 열심히 일할 수 있었는데….
좀 더 여러 일에 도전할 수 있었는데….

이런 생각에 '나는 좀 더 넓은 세계로 데려다줄 것 같은 영어' 공부에 매진하고 싶었지만 영어 콤플렉스가 나를 짓눌렀다.

'어떻게든 하고 싶다. 그렇지만 어쩔 도리가 없다. 재능이 없나? 왜 나만 못하는 걸까?'

이런 생각에 숨이 막혀 죽을 것 같으면서도 일상을 포기할 수 없었을 때 생각해낸 것이 이 책을 통해 소개한 영어 학습법이다. 이것을 알고부터 나는 바로 '영국행 티켓'을 손에 들었다. 세계는 넓다. 그리고 세계는 정말 재미있다.

이대로 '나는 할 수 없다'란 착각을 계속 끌어안고 있었다면 분명 후회했을 것이다. 어린 시절부터 열심히 하고 또 해도 영어가 늘지 않았던 나. 노력하고 애를 써봐도 나는 안 된다는 생각에 빠져 있던 소녀.

그녀의 체험이 작게나마 많은 사람들에게 전달되어, 한 사람의 용기라도 북돋을 수 있다면 '자신감'을 가슴에 불어넣어 가능성을 넓혀가게 할 수만 있다면 이 책을 쓰면서 느꼈던 어려움이 다 없어질 것이다.

당신에게 도움이 되었다면 그걸로 좋다. 이걸로 만족하겠다. 어떻게든 이 영어 학습법이 당신에게 자신감을 가져다주길 바랄 뿐이다.

사랑을 담아.

꼼수 영어 트레이너, 아오키 유카

Give it a try, you have nothing to lose.

딱! 쓰리 영어회화 기초편

초판 1쇄 발행 2017년 2월 20일
개정판 1쇄 발행 2021년 1월 6일

지은이 아오키 유카
옮긴이 김숙희 · 강은정
펴낸이 이범상
펴낸곳 (주)비전비엔피 · 비전코리아

기획 편집 이경원 차재호 김승희 김연희 고연경 황서연 김태은 박승연
디자인 최원영 이상재 한우리
마케팅 이성호 최은석 전상미
전자책 김성화 김희정 이병준
관리 이다정

주소 우)04034 서울특별시 마포구 잔다리로7길 12 (서교동)
전화 02) 338-2411 | **팩스** 02) 338-2413
홈페이지 www.visionbp.co.kr
이메일 visioncorea@naver.com
원고투고 editor@visionbp.co.kr
인스타그램 www.instagram.com/visioncorea
포스트 post.naver.com/visioncorea

등록번호 제313-2005-224호

ISBN 978-89-6322-174-8 14740
　　　978-89-6322-173-1 (SET)

이 도서의 국립중앙도서관 출판예정도서목록(CIP)은 서지정보유통지원시스템 홈페이지(http://seoji.nl.go.kr)와
국가자료공동목록시스템(http://www.nl.go.kr/kolisnet)에서 이용하실 수 있습니다. (CIP제어번호 : CIP2020049484)